EL SEÑOR BORGES

Epifanía Uveda de Robledo y Alejandro Vaccaro

EL SEÑOR BORGES

Vaccaro, Alejandro
El señor Borges / Alejandro Vaccaro y Fanny Uveda.– 1ª. ed.– Buenos Aires: Edhasa, 2004.
192 p. ; 23x15 cm.- (Biografías)

ISBN 950-9009-09-1
1. Borges, Jorge Luis-Biografía I. Fanny Uveda II. Título
CDD 928

Diseño de la cubierta: Eduardo Rey
Foto de cubierta: Sara Facio

Primera edición en Argentina: abril de 2004

Paraguay 824 6° Piso, Buenos Aires
info@edhasa.com.ar

Avda. Diagonal, 519-521. 08029 Barcelona
E-mail: info@edhasa.es
http://www.edhasa.es

ISBN: 950-9009-09-1
Hecho el depósito que marca la ley 11.723

Impreso por Cosmos Offset S.R.L.

Impreso en Argentina

A Tati, Vi y Juanva, entrañables habitantes de mi corazón.

ÍNDICE

INTRODUCCIÓN

A escasos minutos del centro de Buenos Aires, en el populoso barrio de La Boca y en una casa humilde, pero amplia y confortable, vive desde hace una década Epifanía Uveda de Robledo, Fanny.

La casa alberga también la Sede Central de la Agrupación Azul y Oro, uno de los más notorios movimientos políticos de la vida interna del Club Atlético Boca Juniors. En ese ambiente colorido pero también sereno, fotografías de las glorias del Club conviven con un célebre retrato del más importante escritor argentino de todos los tiempos. Asimismo, una efigie de bronce, de dimensiones apenas superiores al natural, preside las reuniones de la Comisión Directiva de la Agrupación; pero muchos de sus integrantes ignoran que esa escultura, en la que puede apreciarse el inconfundible rostro del escritor, impresionaba al propio Borges. "Tápela, por favor Fanny", solía pedirle en el living de la casa de la calle Maipú, donde la había recibido de regalo. Años más tarde, en un acto de suma piedad, puso la escultura en manos de Stella, la única hija de Fanny, para que ella la vendiera. Pero madre e hija continúan venerándola, y a pesar de las necesidades económicas Borges sigue junto a ellas.

Han pasado ya más de tres lustros desde la muerte del "señor Borges", como lo sigue nombrando Fanny, esta correntina resistente y amable que superó largamente sus ochenta años. Es cálida y silenciosa, y detesta las reuniones multitudinarias. Su relación con las personas es casi intimista. No en vano ha vivido más de treinta años con los Borges. Su vida transcurre modestamente, porque ese ha sido el centro de su existencia. En su fuero íntimo aún no ha asimilado que fue la "fiel servidora" de una de las personalidades más brillantes y destacadas del siglo veinte. Despertarlo por las mañanas, prepararle el desayuno, ayudarlo a vestirse, responder intuitivamente a todas las necesidades de ese hombre de buen porte, debilitado por su ceguera, le brindaban una cotidianeidad que tornaba invisible su contorno.

Jura no haber leído jamás una página suya y no era necesario. Había sido contratada al promediar la década del cincuenta para asistir a doña Leonor Acevedo de Borges y a su hijo Jorge Luis; sólo cejó en su empeño cuando la muerte los alejó definitivamente de su vida. No hay en ella ningún vestigio de rencor ni gusta de las reacciones simplistas. Agradece que el destino le haya cruzado en su camino al señor Borges.

Hace ahora un largo tiempo que nos frecuentamos y si bien al principio éramos renuentes a sentarnos a hablar del tema, un día empezamos a luchar juntos en la tarea de recordar y acumular detalles, acuñar anécdotas, dejar sentada para la posteridad la visión del otro Borges; puesto que, más allá del "ser literario" –como lo definió con presteza Emir Rodríguez Monegal– hubo en Borges un hombre ético, austero, honesto, generoso, del que poco y nada se habla, en un tiempo donde los valores morales están subvertidos.

Nadie, a excepción, claro está, de su madre, conoció a Borges como lo conoció Fanny. Nadie tampoco se puede mostrar distinto de cómo realmente es a los ojos de quien durante años y años vivió bajo el mismo techo, compartió alegrías y tristezas, fiestas, resignaciones, halagos. Fanny, mudo testigo de los avatares de los Borges, ha comenzado a hablar. Fue necesaria mucha paciencia y no violar jamás una premisa esencial de nuestra relación: Fanny habla cuando quiere y calla del mismo modo. Mi tarea por lo pronto ha sido sencilla. Jamás hubo preguntas, por lo tanto tampoco respuestas.

He dedicado los últimos veinte años a estudiar con pasión la vida y la obra de Jorge Luis Borges, y ésa es una de las gratitudes que tengo con la vida. Para mi tarea todo cuenta: un manuscrito de tiempos remotos, la correspondencia, los textos, libros, opiniones de una u otra índole y la palabra. La palabra de quienes lo frecuentaron, lo acompañaron o simplemente lo sirvieron para hacerle la vida más llevadera. No conocí a Borges personalmente, por lo tanto no sufro del encandilamiento que su cercanía ha provocado en algunas personas que si bien brillan con luz propia saben reconocer su influjo. El señor Borges, como todo libro, obedece a un proyecto previo. Pero no siempre ese proyecto se cumple de acuerdo a las expectativas. En este caso, creemos, lo que comenzó siendo un reabrir el baúl de los recuerdos de Epifanía Uveda, se transformó en el correr de sus páginas en una combinación de recuerdos y un fuerte respaldo de contenido biográfico, de todos y cada uno de los actos y situaciones que se describen.

Para desbrozar la maleza fue necesario trabajar mucho. Porque Fanny no tiene un orden sistemático para contar las cosas, no hay en su proceder un plan y muchas veces es reiterativa. Pero siempre se repite igual, relata un mismo hecho en distintas ocasiones y su discurso no difiere. Esto es una pauta cabal de que Fanny no miente, Fanny dice la verdad, su verdad, desde luego. La verdad que anida en su corazón, porque siempre que se refiere a su "señor Borges" lo hace con sentimiento.

La he visto, a lo largo de estos muchos años, lamentarse al recordar un episodio triste, sonreír por recuerdos alegres, iluminarse sus ojos mirando en el vacío, gesticular, tomarse la cabeza, y llorar. Pero nunca, nunca, la he escuchado denostar a nadie. Ni siquiera al hablar de aquellas personas que a sabiendas le hicieron daño.

Ella es su mejor testimonio; su forma de vida, su sencillez. Todos sus dichos han sido grabados y su palabra quedará resonando como un eco en la memoria de quienes quisieron a Borges de verdad, sin tapujos, sin segundas intenciones. Hoy mismo, cuando le doy los últimos retoques al libro, estuve con ella. Le dije: Fanny, se acerca la salida del libro y algunas personas se van a enojar. "No –me contestó–, si yo siempre digo la verdad, nadie se puede enojar por eso."

I

UNA HISTORIA BREVE

"Por suerte había vuelto Norah y
no está Georgie (actualmente en Jerusalem)
entonces Fanny me cuida mucho. (...) Fanny
te manda muchos recuerdos y
también la Stella y que te extraña a
cada momento."

Carta de Leonor Acevedo de Borges a
Esther Haedo de Amorín, 2 de mayo de 1969

En la década de 1920, los argentinos asistían a uno de sus tantos movimientos cíclicos. El país era próspero, pero decadente. Los esfuerzos de la generación del ochenta de poner la nación en marcha habían dado sus frutos, la *belle epoque* también se vivía en las calles de Buenos Aires cuando alumbró el primer Centenario. Pero lentamente se encaminaba a afrontar una de sus remedadas crisis. La pobreza comenzaba a cobrar cuerpo desde el interior hacia la gran metrópolis y los hijos que el país alumbraba empezaban a estar carentes de alimentos, de educación y, quizá lo que es peor, de destino.

Epifanía Uveda nació el 7 de abril de 1922 en Colonia Romero, un pequeño paraje en las afueras de la ciudad de General Paz, en la provincia de Corrientes. Su madre la dio a los pocos días y la recogió la familia Soto. Tampoco conoció a su padre ni supo de hermanos ni parientes de sangre. Juana Isabel Soto fue su madre y los hijos de Isabel, Evaristo y Heriberto, sus hermanos. Su primer nombre o sobrenombre fue Tahania, que reconoce su origen en el idioma guaraní, lengua que se habla en la región.

Creció donde todo era campo. La Colonia servía de albergue para muchas personas que no tenían recursos para procurarse una vivienda, y desde allí, y con la ayuda de la tierra, las familias iban logrando el mínimo sustento para sobrevivir. "Allí en el campo, había un aula o una salita, donde nos llevaban cuando éramos muy chicos y una maestra nos enseñaba a leer. Cada tarde veíamos pasar a los hombres que volvían del trabajo en el campo y antes de que empezara la noche nos volvíamos a nuestro rancho."

Fanny fue a la escuela hasta los diez años. Pero cuando ya

aprendió lo que tenía que aprender, empezó a ser más útil en el trabajo mancomunado y comunitario de la Colonia. Tareas domésticas al principio y luego en el campo. "Nuestra vida era muy sencilla y desde luego no existían todas las cosas que hay ahora. No había radio ni diarios y mucho menos televisión. Tampoco existía el dinero ya que todas las cosas que comíamos provenían del campo."

A los catorce años comenzó a trabajar de mucama en la casa de una familia de General Paz, un pueblo cercano, pero siguió manteniendo un fuerte lazo afectivo con su madre adoptiva. "Vivíamos solitas las dos. Para ese entonces uno de mis hermanastros había muerto y el otro se había ido con la Arrocera, como se decía en aquellos tiempos."

A los veintitrés años, acompañada por una parienta, María Escarlón, se trasladó a Buenos Aires. La travesía en barco por el Paraná y la asombrosa vista del puerto de la gran ciudad, la impactaron. "Me quería morir, para mí era otro mundo, algo muy distinto de lo que yo estaba acostumbrada a ver." A las pocas semanas comenzó a trabajar en la casa del matrimonio Aberastain Oro. Vivían solos, él era arquitecto y ella profesora de piano. Era una mujer muy exigente y muchas veces los días domingo la castigaba prohibiéndole la salida y haciéndole limpiar los zócalos de toda la casa.

"Tengo un mal recuerdo de esos años. Yo era muy joven y recién había llegado a Buenos Aires. Para el que viene del interior, y sobre todo del campo como venía yo, todo tiene un impacto muy fuerte. Las chicas de entonces no sabíamos defendernos. Nos pagaban con casa y comida, y no existían salidas ni vacaciones. La señora de Aberastain Oro era demasiado exigente conmigo y cualquier cosa era una buena excusa para castigarme."

Al promediar la década de 1940 conoció a quien luego sería su esposo, Raúl Virgilio Robledo. Fue en un baile que se hacía en un salón del barrio de La Boca, al que asistió con su parienta María Escarlón, quien acompañada de su madre solía pasar a buscarla por la casa donde trabajaba. De esta forma la patrona no tenía más remedio que aceptar que Fanny saliera. "Mi esposo era un lindo muchacho y muy trabajador. La noche que nos conocimos me invitó a bailar y yo le dije que no sabía bailar, y que además no me gustaba. Pero él me contestó: 'Venga que yo le voy a enseñar'. Mi tía me empujaba para que saliera y al final lo hice. Poco después nos casamos. Yo tendría alrededor de treinta años. Mi esposo trabajaba de navegante y más tarde estuvo empleado en el puerto. A veces pasaban meses sin vernos por su actividad laboral. Después de unos años de casada nació nuestra única hija, Stella."

El período del embarazo fue difícil para Fanny que debía repartir su tiempo entre la casa de su patrona y un nuevo trabajo por horas, en un departamento de la calle Maipú, donde vivía una señora mayor con su hijo y una mucama. Cuando la mucama se jubiló le propusieron reemplazarla y aunque Fanny no estaba muy segura finalmente aceptó el ofrecimiento: "La mujer que trabajaba en lo de los Borges, Amalia Negrette, era ya muy viejita y tuvo que jubilarse. Entonces la señora Leonor me propuso que me quedara en lugar de ella. Hacía poco que había nacido Stella y yo tenía muchas dudas de aceptar. La viejita me dijo tenés que aceptar, tenés que hacerlo por tu hija, porque no podés dejar a la nena con nadie. Porque ella tuvo una experiencia muy mala. Quedó embarazada y para que la gente no se enterara la tuvieron escondida y después, una vez que nació la nena, se la tuvo que entregar a otra familia para que la criara. Yo podía vivir ahí con mi hija, así que acepté".

Al principio fue muy difícil. A Fanny le costaba adaptarse a ese pequeño lugar que representaba toda su vida entre la cocina y la habitación de servicio. Además estaban las novedades que traía la vida en ese nuevo mundo: "Cuando empecé a trabajar con la señora Leonor yo tenía el pelo largo y lo usaba trenzado. Una de las primeras exigencias fue que debía cortarme las trenzas. La señora decía que de esa forma yo no perdía el tiempo haciéndomelas o peinándome.

Claro que con el correr del tiempo me fui adaptando y después llegué a disfrutar de mi trabajo. Sentía que esa era mi casa y que los Borges eran parte de mi familia. Era, desde luego, una vida muy particular, pero a mí me gustaba, y de a poco nos fuimos llevando bien. Yo con mi forma de ser trato siempre de no molestar y aparte no soy de salir a bailar y no conozco nada que haya más allá de la puerta. Acá mismo vivo desde hace muchos años y no conozco nada.

"Como le dije, para mí fue importante poder tener a Stella conmigo. Primero ella estaba pupila en un colegio en José C. Paz, y después la traje a estudiar a otro más cerca que está en la calle Juncal, creo que se llama Beruti. Entonces nos veíamos todos los días porque vivíamos juntas. Por suerte ella pudo terminar ahí la escuela".

Fanny enviudó siendo muy joven. Su marido sufría del corazón y falleció a los cincuenta y dos años, en el mes de septiembre de 1973. "Hubo buenas y malas, como en toda relación, pero la vida era muy dura y muy difícil para nosotros. Fue el único hombre de mi vida. Su familia era de Rosario y siempre tuve una excelente relación con todos ellos."

Los años transcurrieron como un suspiro, entre la crianza de su hija y las atenciones que cada vez más requería la familia Borges. El tiempo pasó de largo y casi no hubo espacios para intentar un destino personal independiente. "Cuando la señora Leonor se fue poniendo más viejita precisaba mayor atención. Sólo una o dos veces me tomé vacaciones porque la señora no se podía quedar sola. Todos los años ella me pedía que no me fuera, que me quedara a cuidarla, si no, tenía que irse por esos días a la casa de Norah. Yo trataba de aprovechar también cuando el señor se iba de viaje y ahí sí me podía ir por unos días."

A pesar de todas las carencias que la acompañaron, dio y recibió cariño. Desde el albor de los años cincuenta su vida transcurrió en un departamento de setenta metros cuadrados, ubicado en el centro de Buenos Aires, compartiendo los avatares de dos seres muy particulares: Jorge Luis Borges y su madre, Leonor Acevedo. Este sueño terminó con la muerte de Borges: entonces Fanny quedó en la calle, sin dinero y sin más que un puñado de amigos, de buena gente con la que se puede contar en los momentos difíciles. "Cuando me vine a vivir a esta casa supe realmente lo que es la libertad, porque hasta ese momento siempre estuve viviendo en lugares en los que trabajaba y bueno, la libertad ahí está restringida a pocas cosas. Ahora disfruto de una paz interior que me permite tener una vida placentera."

Su rostro denota esa tranquilidad de la que habla. Sabe que sabe muchas cosas que a muchas personas les gustaría escuchar y también otras, que otras muchas personas pagarían para que las callara. Pero mantiene intacto el respeto por el señor Borges y por todo lo que su figura significa. "En una ocasión me vinieron a ver de una revista y me ofrecieron un dinero y todos los gastos pagos para llevarme a Ginebra a ver la tumba del señor y sacarme fotos. ¿A usted le parece que yo podía aceptar eso? El dinero lo necesitaba, pero no estaba dispuesta a prestarme a ese tipo de cosas. Sí, me gustaría ir a la Recoleta, a ver la bóveda donde hay tanta gente que quiero, doña Leonor, la señora Norah. Y un día también estará el señor Borges, de eso estoy segura."

Fanny tiene nietos y bisnietos, y recibe a diario muchos llamados telefónicos y visitas de distintas personas que también fueron buenos amigos de Borges y se interesan por su vida y su salud. Cada uno la ayuda como puede, y esto sólo puede ser el resultado de un comportamiento digno.

Ahora es también requerida por los medios periodísticos que saben que Fanny es nota; por curiosos que buscan ver con sus propios ojos el marco de humildad en el que transcurre su vida, y por lectores y exegetas que intentan encontrar en sus frases y sus recuerdos alguna clave que devele los secretos del escritor. Sin embargo, ella sabe lo que tiene que decir y lo que no, y encuentra respuestas alternativas a preguntas indiscretas, y habla de sí con naturalidad: "Ahora estaba acostada. Cuando me acuesto me duele mucho por la caída que tuve, después de mi cumpleaños, se acuerda que le conté, me tuvieron que levantar Manuel y Stella, me queda ese dolor, cuando me acuesto y cuando me levanto me duele. Pero ¿Qué va a hacer? Hay que aguantar ¿no?".

II

BEPPO

"El gato blanco y célibe se mira
en la lúcida luna del espejo
y no puede saber que esa blancura
y esos ojos de oro que no ha visto
nunca en la casa son su propia imagen."

J. L. Borges, "Beppo", *La cifra,* Buenos Aires, 1981

Fanny ha ordenado la mesa y camina de un lado a otro. Como en muchas otras ocasiones, demorará todavía un largo rato en sentarse junto a mí y empezar a desbrozar la maleza para que los recuerdos fluyan nítidamente. No hay prisa. Stella, su hija, es más elocuente y siempre trata de iniciar algún relato para que Fanny luego lo retome y continúe. Como esas canillas que se resisten a expulsar el agua, pero que una vez vencido el obstáculo fluye a borbotones. Me mira y se sonríe. Hay en su rostro, en su gesto, un gozo que trasluce agradecimiento.

"Yo vivía con mi papá –cuenta Stella–. O mejor dicho me compartían, un poquito cada uno, aunque por ese entonces yo prefería estar más con él, porque cuando era chica no había podido. Estaba casada y separada y ya había nacido mi hijo Manuel, que tendría por entonces cuatro años. Pasé por la mueblería de unos amigos y ahí me regalaron el gato. El gatito me encantó, era un pomponcito chiquito y la mamá era también blanca, sólo que con el pelo más largo y tenía un ojo celeste y el otro verde. Era hermosa. Y así llegué con el gato a la casa de la calle Maipú. Lo bauticé "Pepo". Por que en aquellos años me gustaba un jugador de fútbol que se llamaba Rinaldi, y le decían 'la Pepona'."

En la casa de un hombre ciego la presencia de un felino no puede resultar agradable, ese excesivo movimiento desestabiliza a quien se maneja en la constante oscuridad de la ceguera.

"Al principio no le gustaba, y cuando se fueron conociendo un poco más, y se hizo amigo de Pepo, lo empezó a llamar 'Beppo'."

En Borges todo, una vez más, es literatura. Pepo no podía tener ningún significado para sus razones; en cambio Beppo lo remitía inmediatamente a Lord Byron, y aún más al paje del duque de Bomarzo: "Beppo era el muchacho del leopardo, vestido de azul, que se volvía a observarme, sujeto el felino por una cadena..." que su amigo Mujica Láinez había inmortalizado en su magnífica novela *Bomarzo* tras sacrificarlo en el valle frondoso de Mugello. Ahora el nuevo sonido era una suave música para sus oídos.

"Él se fue acostumbrando de a poco a la presencia del gato, y terminaron siendo muy, muy compañeros", dice Fanny. "Cuando el señor estaba sentado, el gato estaba a su lado, tirado a sus pies. Precisamente había un cuadro en la librería La Ciudad donde el señor está sentado en una silla y Beppo en el suelo junto a sus pies." Fanny ignora que esa fotografía de Julie Mendez Ezcurra ha dado la vuelta al mundo y se ha vendido en forma de póster por todos los rincones culturales del planeta.

"Aunque la señora Leonor decía que a él le gustaban más los perros, con Beppo se encariñó demasiado. Cuando venían de visita periodistas para hacerle alguna nota o tomarle fotografías Borges les decía: 'No se sienten en el lugar de Beppo'. El gato era travieso y en más de una ocasión hubo que buscarlo dentro de los bolsos de los visitantes, porque se metía adentro."

Mientras Fanny habla, los gatos de su casa de La Boca la observan, se acuestan a su lado y miran con semblante de displacer y aburrimiento, como si este relato lo hubieran escuchado miles de veces y ya supieran o presintieran el final. También la voz de su ama los tranquiliza, saben que están a cubierto y que a cambio de nada recibirán caricias, agua y alimento.

"Sufrió muchísimo ese gato. Un día, el señor Borges y María volvían de un viaje. Tocaron el timbre y yo les abrí la puerta. El gato estaba acostado en la cama de la señora, que ya había muerto. Cuando vio que el señor entraba salió corriendo, pasó entre las piernas de él y de María y se desgarró la piel al tropezar con un mueble. Además tuvo tres operaciones y a raíz de eso se murió muy joven.

El gato tenía mucho pelo y se pasaba la lengua y se tragaba los pelos. La señora Pinky me ayudó mucho en ese momento. Lo llevamos a M.A.P.A.* y cuando volvíamos el señor estaba ahí sentado, esperando, contento porque el gato estaba ya operado. La segunda vez también le fue bien, pero la tercera ya no."

Esto parece no ser ajeno a la vida de Borges, el número tres. Fue Director de la Biblioteca Nacional, quedó ciego y escribió el "Poema de los dones" donde hace clara alusión a Paul Grousacc quien tuvo el mismo destino, "los libros y la noche". Años después cuando Borges se enteró de que José Mármol pasó por la misma experiencia afirmó: "Dos es casualidad, tres es confirmación". El destino para Borges era inexorable.

"El día que murió el gato no lo voy a olvidar jamás. Era de noche, yo lo tenía en la cocina bien tapadito pero el pobre maullaba y maullaba de dolor. De golpe el señor entra en la cocina y me dice: 'Fanny, Fanny...'. Señor, qué le pasa, le pregunto, y grita: 'Hay dos mujeres que me quieren matar'. Y entonces me tomó del cuello. Estaba muy inquieto, no podía sostenerlo y tenía miedo de que se cayera al piso. A los gritos estaba. De golpe se tranquilizó, como si se hubiera despertado de un sueño y lo acompañé hasta su cama."

Fanny se ha entusiasmado con el relato y ahora nada la detiene. La figura de Beppo, como un sortilegio, ha disparado otros recuerdos, otras noches, teñidas de cariño y cierto dolor.

"Nosotros vivíamos los dos solitos y nos arreglábamos así, nadie se quedaba a dormir ahí. Cuando volvían de algún viaje, María lo acompañaba hasta la puerta y después se iba. A veces ella ha dicho que vivió con Borges. María jamás podía entrar a la casa sola porque nunca tuvo la llave".

Súbitamente se calla, como si ese cansancio le tocara a ella. Se queda inmóvil, sonríe apenas, y sus ojos, que brillan cuando habla

* Movimiento Argentino de Protección al Animal

del señor Borges, se entristecen. Mira la mesa que tiene delante, y ese gesto es suficiente: es claro que por hoy prefiere silenciar su memoria.

III

LA VIDA COTIDIANA

"Desde la muerte de mi madre vivo solo,
con la muchacha que me cuida, en este
departamento asaz modesto (...) Llevo
una vida sencilla, soy un hombre sobrio,
no fumo, detesto el alcohol, nunca me han
interesado los deportes; a reuniones sociales
no voy nunca, no voy al teatro por razones
obvias, al cinematógrafo tampoco. (...) En esta
casa no hay televisión, ni radio ni tocadiscos.
Yo soy un hombre viejo ya. Insisto que soy
un hombre del siglo xix."

Revista *Gente*, N° 805, 25 de diciembre de 1980

Norah, la única hermana de Borges, tuvo con el escritor una relación basada en el cariño, la admiración y el mutuo respeto. La ternura que los unió se mantuvo intacta hasta el último día que Borges pasó en Buenos Aires, el 28 de noviembre de 1985, cuando compartieron un almuerzo en el restaurante del Hotel Dorá.

Las inquietudes intelectuales y artísticas de ambos operaban simbióticamente y se retroalimentaban en sus distintas formas de sentir el arte. Sin embargo, resulta imposible descorrer el velo que se cierne sobre el interrogante de quién estimulaba a quién. O bien si, como parece, al beber de la misma fuente ambos sentían y producían su obra en el marco de una constante analogía.

En 1974 Borges publicó *Norah,* donde testimonia la coherencia de esa relación: "Compartíamos las ficciones de Wells, las de Verne, de las *Mil y una noches* y las de Poe, y las representábamos. Puesto que sólo éramos dos (salvo en Montevideo, donde nos acompañaba mi prima Esther) multiplicábamos los roles y éramos de un momento a otro, los cambiantes personajes de una fábula. Habíamos inventado dos amigos inseparables, Quilos y Molino. Un día dejamos de hablar de ellos y explicamos que habían muerto, sin saber muy bien qué cosa era la muerte".

Quizá la exclusión de Norah en el último testamento de su hermano (en el primer testamento de 1970 aparecía como su heredera junto a sus hijos) es la única sombra, imposible de desentrañar ahora, que se cierne sobre una relación sin fisuras.

"La señora Norah era como un ángel, una persona mayor con el espíritu de una niña. Yo sentí mucho cuando ella murió y no la pude volver a ver. Varias veces me buscó cuando yo vivía en Uruguay y Santa Fe, después de dejar el departamento de Maipú. Dos veces por lo menos. Norah venía casi todos los días a ver a la señora Leonor, siempre de tarde. Cuando ella se acostaba, Norah se iba para su casa. Con el señor Borges eran muy compañeros, se llevaban muy bien. Después que murió la madre ella venía a almorzar, yo le hacía arroz con pollo que le gustaba mucho. Otras veces iban a comer al Hotel Dorá.Yo la conocí cuando trabajaba en la casa de la señora Aberastain Oro, en la calle Juncal. Ella vivía en el mismo edificio en el séptimo piso y yo en el quinto. La señora Aberastain Oro era amiga de la señora Leonor y fue ella la que me recomendó para que fuera a trabajar a la casa de los Borges. Ellos necesitaban una persona por horas tres veces por semana, entonces me habló y yo fui a ver a la señora Leonor."

Norah Borges se había casado en 1928, con el escritor y crítico literario español Guillermo de Torre y de ese matrimonio nacieron dos hijos, Luis y Miguel. Dedicó su vida a su familia y al arte. Con el correr de los años y tras estar opacada por la fuerte presencia de las figuras que la rodeaban, su hermano Jorge Luis, su esposo Guillermo de Torre o su madre Leonor Acevedo, comenzó a ocupar un lugar en la historia de la pintura argentina, dada la originalidad de su obra. Fue una destacada protagonista de nuestra vanguardia junto a pintores como Xul Solar, Emilio Pettoruti o Raquel Forner.

"Los días jueves la señora Leonor daba un té para sus amigas, venía Norah, la señora Aberastain Oro y otras mujeres más. La señora Aberastain Oro tuvo un final muy desdichado, porque después que enviudó se quedó en la calle, tuvo que vender todas sus cosas y murió en la ruina.

"Y los domingos venían a almorzar todos al departamento de Maipú, Norah, su esposo Guillermo, y los hijos, Miguel y Luis. Al poco tiempo de empezar a trabajar con ellos la señora Leonor –al no tener más cocinera– un día me dijo que me ocupara del almuerzo.

Bueno, lo hago, le contesté. Eran dos platos y el postre. Cuando llegaron los chicos Leonor les dijo: 'Fanny va a cocinar, a ver si a ustedes les gusta'. Después de la comida yo estaba nerviosa, pero finalmente dijeron ¡qué rico!, ¡muy rico! A partir de ahí todos los domingos cocinaba para la familia. Más adelante fueron ocho en la mesa, cuando el señor Borges se casó y se sumaron la esposa Elsa y su hijo. Leonor siempre ordenaba todo, era una persona muy autoritaria."

En esos tiempos Fanny empezó a conocer a todos los personajes de la familia y aquellas imágenes, como las de la infancia, parecen haber quedado intactas en su memoria.

"Guillermo de Torre era una persona muy difícil de conformar. Para empezar no le gustaba la luz como estaba dispuesta, decía que no era una luz agradable. La entrada de la casa, el hall de entrada del edificio tampoco le gustaba. Nada le venía bien. Esto no me gusta, aquello tampoco, esto así no se hace, eso está mal, y todo así. Era muy protestón, lo contrario de la señora Norah, que sonreía, y nunca decía nada. Leonor rezongaba, todo está mal para él, decía. Y lo encaraba y lo retaba: 'Andá a ordenar en tu casa, acá no'.

"A veces discutían de política y de otros temas. Mientras, el señor Borges se mantenía callado. Era una persona muy tranquila. Después con los años se sumaron los nietos, que venían de visita. Era una familia muy seria, muy cerrada, muy a la antigua.

"Pero a pesar de esto, la relación conmigo era buena. Igual tuvimos algunas agarradas. Cuando empecé a trabajar yo tendría unos treinta y cinco años y como ya le conté la señora Leonor me hizo cortar las trenzas, que todavía las tengo guardadas. Ella mandaba y eso me lo dijo en tono subido, como si fuera una orden. También me pedía que usara un delantal para servir la mesa, que tenía que ser azul con cuello blanco. El delantal estaba todo almidonado pero yo nunca lo usé. La cocinera que entonces tenían me ordenaba: 'Fanny prepare las cosas para servir la mesa'.

"Me costó mucho adaptarme a la nueva vida. Lloré, lloré y

lloré mucho. Porque yo estaba viviendo en Lanús, tenía mis comodidades, y después que acepté, me resultó muy difícil acostumbrarme a estar en una pieza tan pequeña.

"Los hábitos en la casa del señor Borges eran rutinarios. La señora Leonor se levantaba temprano. Alrededor de las nueve tomaba el desayuno y después salía a caminar, por Florida, por Santa Fe, o por cualquier otro lado. Antes de salir se arreglaba, porque era una señora muy coqueta, coqueta como ella sola. Se miraba un largo rato al espejo y hasta que no se veía bien no salía. Después de la caminata diaria volvía, almorzaba y se acostaba a dormir la siesta.

"Otras veces salía a la noche a tomar helado, acompañada por Stella que en ese entonces era jovencita. Una vez, me contó, que iba en el tranvía, en ese tiempo se usaba el tranvía, y un pasajero le hizo un chiste o una queja: 'Con sombrero en el tranvía', y ella le contestó: 'Sí, yo nací con sombrero y voy a morir con sombrero'.

"Era también una casa silenciosa. No había ni radio ni televisión, sólo yo tenía una en mi habitación que la compró la señora Leonor. Una vez al señor le regalaron una radio para el cumpleaños, una radio chiquita y en seguida me la trajo a la cocina y me dijo: 'Esto es para usted, Fanny, para mí no'. Y yo siempre la escuchaba despacito, para no incomodarlo.

"Por las noches la señora Leonor se sentaba en el sofá para leerle al señor y cuando él se quedaba dormido ella se quejaba: 'Para eso me tenés acá leyendo y vos te quedás dormido'. Entonces se levantaba enojada y se iba a la cama."

Dos agarradas y el problema del ajo y la cebolla

Fanny se detiene y dice que ella también tiene su carácter. "¿Le conté la agarrada que tuvimos por el matrimonio con Elsa? Fue la peor discusión, fue cuando le dije a la señora Leonor que ellas eran las culpables del casamiento del señor Borges, ella se enojó y me dijo: 'Bueno, es mi palabra, y en esta casa se hace lo que yo digo'. A pesar de eso no me callé, aunque con razón ella decía que ése no era un tema del que yo tuviera que opinar. Un poco más ofuscada dio por terminada la conversación. Pero yo le dije que a mí nadie me va a ordenar que me calle, esta es su casa pero a mí nadie me ordena ni me manda. Más tarde metió la cabeza por el vidrio de la habitación donde yo dormía, que estaba roto, y me dijo: 'Mañana vamos a arreglar las cosas', entonces le respondí que sí, que mañana íbamos a arreglar las cosas, pero que si me tenía que ir me iba esa misma noche. Estaba muy enojada.

"Al día siguiente le contó a todas sus amigas que 'hay una persona que me ganó en el carácter' y las amigas le preguntaron ¿quién?: 'Fanny, tiene más carácter que yo porque me hizo frente y me contesta a lo que yo le digo'. Pero después quedamos de lo más lindo, porque reconocía que yo tenía más carácter que ella."

La mirada pícara deja paso a cierta melancolía. "También tuve algunos problemas con el señor Borges", dice.

"En una oportunidad él se iba de viaje con María, a París creo. Como siempre yo le entregaba el pasaporte y el paquete con los dólares. Le di todo a María y el señor le pidió que lo guardara en la valija de mano que llevaban. Cuando llegaron al aeropuerto para tomar el avión se dieron cuenta que el pasaporte era el de la madre que yo se lo había dado por error, porque siempre los tenía juntos. Él se enojó mucho conmigo porque no pudieron viajar. Me llamó por teléfono y me dijo: 'Tómese un remís y venga a traerme el pasaporte', pero yo me negué rotundamente. A la noche cuando volvió a casa seguía muy enojado y me dijo: 'Usted no tiene perdón de Dios', y yo le contesté: usted como puede decir eso si no cree en Dios.

"Salvo ese episodio, mi relación con el señor Borges siempre ha sido buena. Yo lo acompañaba a muchos lados, a sacar el pasaporte en el Departamento Central de Policía, a hacer diferentes trámites y nunca tuvimos ningún problema. El señor Borges, como ya dije, era una persona muy buena; pero es cierto que a veces tenía sus arranques. Había una señora amiga de doña Leonor que venía todas las noches y hablaba siempre de la comida y mencionaba la cebolla y el ajo. El señor Borges reaccionó mal y echó a esa señora: 'Aquí que no venga más a hablar de cebolla ni de ajo'. Porque decía que no le gustaban en la comida. Sin embargo yo le preparaba la cena y él comía y decía ¡qué rico! Y no sabía que le había puesto cebolla y ajo. Esas eran ideas, fantasías.

Los libros

La biblioteca de Borges no era de tantos volúmenes como la imaginación nos puede señalar. Por el contrario, se desprendía de los libros que no le interesaban con rapidez y en forma sencilla. Y en ello colaboraba su hermana Norah y en otras oportunidades algunas amigas que visitaban la casa de la calle Maipú.

"A veces el señor Borges me pedía que le hiciera un paquete con algunos libros y se iba a la librería La Ciudad, donde por esa época recién estaban terminando de construir las estanterías y dejaba el paquete en cualquier hueco. Eso hacía con los libros que no le gustaban. En otra ocasión salió con otro paquete –un paquete grande– para la Biblioteca Nacional y paró para tomar algo en un café al paso que estaba en Tucumán y Florida y dejó los libros olvidados como al descuido, debajo de la silla. Como los mozos ya lo conocían a media tarde vino al departamento uno con el paquete de libros para devolverlos creyendo que él se los había olvidado. Era el método que usaba para deshacerse de ellos.

"Y lo mismo hacía la señora Norah. Sacaba de casa un paquete lleno de libros, y lo dejaba en la puerta. Después la llamaba el kiosquero y le decía: 'Señora, se olvidó el paquete de libros'. 'Ah', decía. Entonces iba y los dejaba en la plaza San Martín. No sé, son formas de ser...

"Pero quizás lo más cómico era cuando estaban los dos solos. Ahí rompían papeles, de todo. Que no nos vea madre, decían. Rompían, y ella se divertía, se mataba de risa. Usted se imagina la cantidad de cosas importantes escritas por el señor Borges que ellos han tirado...Y después se reían como chicos.

"Ahora me acuerdo que en una oportunidad vinieron unas amigas del señor y le ayudaron a poner un poco de orden y de paso para tirar un montón de papeles que no servían. Lo cierto es que al día siguiente el señor estaba como loco porque no podían encontrar una carpeta con un montón de papeles que al parecer iban a ser para un libro. Me hizo buscar por toda la casa y esa carpeta nunca apareció. Las señoras tampoco aparecieron más porque el señor se quedó muy enojado con ellas."

"Pobre señor, unos años después le volvió a pasar lo mismo, en otro episodio que lo llenó de angustia. Cuando volvió de un viaje por Estados Unidos, que había hecho con María, estaba muy inquieto porque le habían robado un bolso donde tenía algunas pertenencias. Pero realmente lo que más le molestaba era que en el bolso tenía el manuscrito de un libro que recientemente había terminado y no lo pudo recuperar más."

Los diarios

"Otro tanto ocurría con los diarios. Decía que sentía el olor a los diarios. Entonces los agarraba y los tiraba por el balcón. Un día se llevó la puerta del balcón por delante –había una puerta chica que daba al balcón– al salir apurado a tirar los diarios. La gente ya sabía quién tiraba los papeles: 'el loco de Borges'. Tenía sus manías, sus momentos.

"A la señora Leonor, en cambio, le encantaba leer las noticias, estaba siempre muy actualizada de todo. Ella tenía en su habitación un caramelero de cristal y debajo ponía el diario. Una vez, mientras la señora estaba medio dormida en la cama, él entró despacito y quiso sacarlo, pero tropezó con el caramelero y lo rompió. Ella le gritó: '¿Adónde va, ladrón de diarios?'. Desde entonces nunca más al señor se le ocurrió volver a tocarlos."

La generosidad mal entendida empieza por casa

La generosidad de Borges no tenía límites y eso lo llevaba muchas veces a atender a cientos de personas que luego lucraban con esa visita. Sus amigos le recomendaban tener más cuidado y hacerse valer. Así las cosas, en una ocasión un semanario le pidió una entrevista para hacer una nota y Borges replicó que no tenía inconvenientes pero que deberían pagarle por ello. Los periodistas en cuestión decidieron hacerle una broma de mal gusto, y hacerlo pasar por un hombre rico que pedía dinero para una entrevista, cosa que en ese entonces no se estilaba o que recién comenzaba. Llevaron una caja llena de billetes, por otra parte inservibles, y fotografiaron a Borges como si fuera un tío rico. La intervención inmediata de algunos amigos de Borges y la participación directa de un reconocido dirigente gremial, hicieron que la editorial desistiera de ese bochorno y la nota finalmente se realizó pero con otro sesgo. Ni Fanny ni Borges advirtieron el sentido de la entrevista y ambos se sintieron defraudados. Así lo recuerda ella muchos años después:

"Las visitas de periodistas eran constantes. Así un día le ofrecieron un dinero para hacerle una entrevista y le pagaron con billetes envueltos dentro de una caja de *Bonafide*. Al día siguiente me pidió que abriera la caja y adentro había billetes viejos, ya en desuso y la mayoría estaban rotos. Yo fui al Banco de Galicia para averiguar si servían y me dijeron que no, que era billetes para ser destruidos. El señor Borges se enojó mucho como cada vez que se sentía estafado. Cuando estaba nervioso se ponía colorado y las manos le temblaban".

El camello del dinero

"El señor Borges tenía por costumbre guardar el dinero entre las páginas de los libros. Cada vez que necesitaba me pedía y yo se lo daba. Otras veces él mismo lo sacaba, ya que reconocía el lugar donde estaban los libros, o porque les acariciaba el lomo y sabía de cuál se trataba. Pero a medida que el dinero se iba gastando había que ir al banco a buscar, entonces el señor me decía: 'Fanny, tenemos que ir a dar de comer al camello'. Ocurre que el libro más grande y donde guardaba más dinero tenía en su tapa y en sobre relieve un camello y él no perdía oportunidad para hacer una broma."

La tortura

"En los años de la dictadura militar muchas personas venían a verlo y le pedían que hiciera algo por los desaparecidos. Al principio él no estaba enterado de lo que ocurría pero con el tiempo se fue dando cuenta y se indignaba mucho. Una vez vino una chica y le empezó a contar cómo la habían torturado con una picana. El señor Borges se conmovió mucho y después de que ella se fue se quedó solo en el living repitiendo '¡Pobre! ¡Pobre!'."

El ateo y las palabras a Dios

"Él siempre decía muy orgulloso que era ateo, que no creía en Dios ni en ninguna de todas esas cosas, pero cuando íbamos al cementerio de la Recoleta para visitar la tumba de su madre, cuando estábamos solos se arrodillaba, se persignaba y se ponía a rezar. En público nunca reconoció que lo hacía. También a la noche cuando se iba a acostar antes de dormirse rezaba el padrenuestro, porque decía que su madre se lo había pedido."

Los cumpleaños

Otro hecho que con el correr de los años se tornó trascendente fueron los cumpleaños de Borges. Cada año, el 24 de agosto se le hacían distintos tipos de homenajes que el agasajado recibía con alegría y una cierta dosis de resignación.

"Desde temprano los periodistas hacían guardia en la puerta de calle los días de su cumpleaños. A la mañana comenzaban a llegar los regalos que eran de lo más variados. Una tableta de chocolate, flores, un frasco de perfume y libros, por sobre todas las cosas libros. Cuando cumplió setenta y ocho años vinieron de la embajada de Francia para decirle que lo iban a nombrar Doctor *honoris causa* de la Universidad de la Sorbona. Estaba realmente feliz. Al mediodía se fue a almorzar a la casa del señor Adolfito y me contó lo que le había pasado y estaba muy divertido. Al salir había un montón de fotógrafos y curiosos esperándolo en la puerta, así que a duras penas pudo subir a un taxi advirtiéndole que algunos coches lo seguirían. El taxista entendió el pedido del señor Borges e hizo lo posible por perder a los seguidores y lo consiguió. Esto divirtió mucho al señor, sobre todo cuando el chofer le dijo: 'Le dimos un esquinazo'. A la noche se reía solo sentado en el sillón del living."

Borges y su doble

En el año 1981 apareció por televisión en un programa cómico un actor que imitaba a Jorge Luis Borges. La imitación, como todas las del caso, intentaba satirizar la figura del personaje resaltando ciertas características en tono humorístico. El Comité Federal de Radiodifusión, a cargo de un general, con pésimo criterio decidió prohibir la emisión por considerarlo "un atentado al patrimonio cultural de la Argentina". Según el funcionario, Roberto Emilio Feroglio, "Borges ha sido y es un dignísimo embajador de nuestra cultura en todas partes del mundo y la función del organismo es respetar a la audiencia, pero también hacer respetar a las personalidades que honran al país".

Fanny recuerda con mucho humor todo el entredicho suscitado, sobre todo, porque cuando vinieron a ver a Borges de un diario para hacerle una nota al respecto, el protagonista fue su nieto Manuel. Él les abrió la puerta a los periodistas y fue la gota de color de la entrevista, que decía lo siguiente: "En la casa, visibles sólo estaban un gato blanco y un niño correntino. El primero dormía sobre un sofá con una funda verde. El niño, que abrió la puerta dijo en el mejor estilo borgeano: 'Yo no sé si el señor estará en esta casa'. Abrió un placard –como si fuera normal encontrar escritores ahí– miró en la cocina, se fijó en el living y decretó: 'Aquí no está'. Sin embargo sobre un sillón descansaban un sobretodo gris oscuro y un bastón. Uno de los bastones. El niño nos preguntó: '¿Ustedes se van o se quedan?'. El fotógrafo más intuitivo o conocedor contestó: 'Nos quedamos'. El niño corrió un cortinado de un marrón sospechoso y dijo: 'Entonces yo también'. Y se sentó. Después, sólo después, apareció el señor Jorge Luis Borges. El niño, como en un rito antiguo, descorrió entonces las cortinas marrones y se fue. El gato se quedó" (*Clarín*, sábado 4 de julio de 1981).

"El episodio fue muy gracioso –recuerda Fanny– ya que Manuel era muy chiquito y les abrió la puerta a los periodistas y se quedó charlando con ellos, de la forma más natural y sentado en un sillón. Al señor le causó mucha gracia. Con respecto a la imitación estaba indignado con los funcionarios del gobierno que la habían prohibido. Él se enteró por un amigo que se lo comentó ya que en la casa no había televisión y además, por supuesto, él no podía verlo."

Realmente Borges estaba furioso con la noticia. Cuando un periodista le preguntó si tenía algo que ver con esa medida, su respuesta fue contundente: "No soy tan necio. En verdad esto demuestra la hipertrofia del Estado. El Estado se mete en todo. Este es un país de funcionarios públicos que tienen que ver con todo. Y cada vez habrá menos libertad. Hace un rato alguien me llamó y me dijo si yo tenía algo que ver con esa decisión. Le pregunté si creía que yo estaba loco".

"Cuando nos quedamos solos en la casa el señor me preguntó si sabía cómo se llamaba el actor que lo había imitado. Por supuesto le dije, era Mario Sapag. 'Sapag, Sapag', dijo el señor Borges, 'bueno, yo debería disculparme con ese señor Sapag por haberle causado ese trastorno. Es una barbaridad lo que ocurrió'."

IV

BORGES Y LOS PREMIOS

"El premio Nobel de Literatura lo otorga la Academia de Suecia, unos señores tan ignotos como los de la Academia Argentina de Letras. A quién se lo entregan es ya otro problema. A veces lo recibió un poeta mediocre como el hindú Rabindranath Tagore (mediocre como poeta, no como hindú, por supuesto)."

Revista *Somos,* 20 de octubre de 1978

Cuando Fanny empezó a trabajar en la casa de la calle Maipú, durante la década del cincuenta, la familia Borges vivía momentos muy particulares. En el mes de septiembre de 1955, Perón había sido derrocado tras casi diez años de gobierno, durante los cuales la familia resistió, como pudo, manifestando oposición a las ideas de su acérrimo enemigo. En una oportunidad, el 9 de septiembre de 1948, Leonor Acevedo y Norah Borges, participaron de una manifestación convocada para dar vivas a la Constitución de 1853. En la calle Florida, entre Corrientes y Sarmiento, se reunieron cerca de trescientas personas, en su mayoría mujeres, quienes luego de entonar el Himno Nacional arrojaron volantes con las iniciales RUL (Resistencia, Unidad y Libertad) y con leyendas que decían "Salve la Constitución".

Como consecuencia, la policía detuvo a varias mujeres, en su mayoría del círculo íntimo de los Borges, entre las que se encontraban Adela Grondona de Sáenz Valiente, Mariana Grondona de Legarreta, Raquel Pueyrredón de Lastra, María González Acha de Tomkinson, Amanda López Ramírez de Moneta, Alsacia Moneta, Leonor Acevedo de Borges y Norah Borges de De Torre. La madre de Borges, que tenía entonces setenta y dos años, fue derivada, debido a su edad, para cumplir arresto en su domicilio particular, mientras que las restantes fueron alojadas en dependencias policiales, si bien los medios de información anunciaron al día siguiente que todos habían sido puestos en libertad en horas de la mañana. Los hechos pudieron haber tenido consecuencias fatales ya que un grupo de manifestantes del centro Universitario Argentino adictos al régimen de Perón salieron al cruce de las mujeres con intención de agredirlas.

Dos años más tarde, en 1950, Borges fue elegido presidente de la Sociedad Argentina de Escritores, lugar desde el cual marcó un fuerte tono opositor. Fanny recuerda esos primeros días en el departamento de Maipú y Marcelo T. de Alvear:

"En los primeros años, cuando empecé a trabajar en la casa de los Borges, el señor era mucho más independiente, porque en ese entonces su vista le permitía manejarse con mayor soltura. Se vestía y se conducía por la casa sin problemas, aunque en general jamás salía solo. Muchas veces estaba en el living escribiendo, siempre a mano, y acercaba la vista al papel para poder hacerlo. Inclinaba la cabeza sobre la mesa como si mirara en forma determinada un solo punto y quizás por ello le salía una letra muy pequeña. Después, cuando ya perdió casi definitivamente su vista, si tenía que firmar algún libro parecía más un garabato que una firma. Le hicieron siete operaciones de retina".

El triunfo de la denominada Revolución Libertadora trajo a Borges varios ofrecimientos que fue desestimando por diversas razones, como el de ocupar el cargo de Embajador argentino en Washington, pero sí aceptó el nombramiento de Director de la Biblioteca Nacional.

"Al señor Borges le gustaba mucho caminar y todos los días iba caminando hasta la Biblioteca Nacional, que entonces estaba en México y Perú en el barrio de San Telmo. Volvía al mediodía para almorzar, como se acostumbraba en esa época, y después dormía una siesta no demasiado larga."

Con el correr de los años, con el devenir de los premios y honores que recibía por todo el mundo, Borges se fue transformando en un ser mediático, un hombre cuyas opiniones importaban a todos e iba ganando amigos y adversarios, algunos que se sentían reconfortados al escuchar sus pensamientos y otros que de sólo escuchar su nombre sentían escozor.

"Muchas personas que venían de visita a la casa se transformaban en ocasionales lectores de los textos que a él le interesaba leer, pero la madre era la que trabajaba con él con regularidad. Doña Leonor era su secretaria, su consejera, su lectora predilecta y también la depositaria de sus confesiones. A ella le ha dictado casi todos sus textos, ya sean literarios, artículos para los diarios o cartas. En otras oportunidades me pedía a mí que le leyera algo, pero no de temas literarios. Si se trataba de algún contrato de edición me lo hacía leer, y escuchaba con atención.

"El señor Borges no tenía secretario ni asistente privado, sus colaboradores –tras la muerte de su madre– fueron sus amigos y nadie cobraba por ayudarlo. Él atendía el teléfono y arreglaba directamente las citas y muchas veces abría él mismo la puerta de entrada del departamento. Cuando sonaba el timbre yo me dirigía inmediatamente a la puerta para abrir, pero él se anticipaba y llegaba antes. Podía ser una persona muy ansiosa."

La persona fue dejando lugar al personaje y de esta manera los periodistas se disputaban su tiempo para hacerle un reportaje, sacarle fotos, y difundir sus opiniones.

"Sí, era un personaje... Igual hay cosas que yo nunca entendí. Yo le contaba al señor, por ejemplo, que la gente decía que era un gran escritor, una persona muy importante, ¿y sabe lo que él me contestaba? 'No Fanny, la gente no entiende, no sabe. Yo no soy escritor, yo no entiendo por qué la gente dice esas barbaridades, yo no sé'.

"Porque él escribía, pero según me decía, no tenía ninguna importancia lo que estaba escribiendo. Yo lo entiendo así. Era una persona muy sencilla para todo..."

Había una rutina que se repitió año tras año, por varios lustros. Borges siempre era mencionado como el gran candidato a obtener el premio Nobel de literatura que otorga la Academia sueca. Y como todos sabemos, año tras año la negativa a otorgárselo era la noticia del día. Nadie se explicaba porqué y muchos se preguntaban cómo influía en el ánimo de este hombre viejo y ciego que sonreía y disparaba una fuerte metralleta de ironías y sarcasmos que no llegaban a destino:

"A las nueve él terminaba de bañarse, después tomaba el desayuno. Para la época de los premios Nobel, los periodistas hacían cola. Siempre me acuerdo de Roberto Maidana, que me decía: 'Estoy yo primero, Fanny'. Estaba pegado a la puerta. Y después la cola que hacían..., estaban todos esperando. La última vez, que por supuesto tampoco le dieron el premio Nobel, se juntaron un montón de periodistas pensando que ese año sí se lo iban a dar. Hacían guardia durante todo el día y entonces cuando llegó la noticia, empezaron a decir que no, que no se lo habían dado y el señor se puso muy mal. Él pensaba que sí, que ese año se lo iban a dar, porque sentía que él se merecía ese premio... Pero había uno que mandaba más en esa parte del mundo y dijo: 'Mientras yo viva, Borges no va a ser el premio Nobel'. El señor se ponía muy triste".

En 1978 Borges ironizó una vez más sobre el premio aduciendo que no otorgarle el Nobel ya formaba parte de una tradición, y como él amaba todo lo escandinavo era un honor ser parte de esa tradición. También arremetió contra el nuevo galardonado: "Como siempre he escrito sobre lo desconocido, voy a tomarme la libertad de escribir sobre el último Nobel. Espero no equivocarme. Creo que su nombre es Singer. Realmente es un señor tan desconocido (al menos lo era hasta hace unos días) que a lo mejor es realmente un buen escritor. Pero no me parece. Sé que escribe únicamente en ídisch y ese es un dialecto moribundo. Una especie de alemán arcaico que tiende a desaparecer".

Fanny sabía interpretar como nadie los gestos, los pequeños detalles que lo denotaban triste por el frustrado premio que como ningún otro escritor Borges se merecía.

"Pocos lo conocieron como yo. Sí él se ponía nervioso, yo me daba cuenta en seguida. La cara se le ponía toda colorada. Esa era su manera de expresar que estaba nervioso. Hacía algunos gestos, se mordía un poco la comisura de los labios, en fin no lo podría describir con palabras, pero ahora me parece que estoy viendo la cara del señor Borges en ese estado de nerviosismo, como el día que se fue de la casa para siempre que movía la cabeza y hacía gestos. Temblaba, no le salían las palabras."

Cada año, al promediar el mes de octubre, el eterno candidato al premio Nobel respondía a los interrogantes periodísticos destilando su fina ironía: "Como candidato permanente al premio Nobel no me queda más remedio que hablar de mí. El Nobel es la mayor distinción que puede recibir un escritor en vida. No creo merecerlo. Yo escribo para el olvido. ¿Cómo definir mi obra? Yo diría que es una especie de miscelánea. Sin embargo, que no lo merezca no significa que no me gustaría recibirlo. No sólo por el honor que significa. Aunque esté mal decirlo, también por el dinero. Tardíamente descubrí dos cosas de mí mismo: me gusta viajar y hacer algo ridículo. Compro libros que jamás leo porque estoy ciego desde 1956" (revista *Somos*, 20 de octubre de 1978).

Más allá de sus respuestas a la inquisitoria periodística, Fanny está segura que él quería el Nobel.

"Sí que lo quería. Y hubiera sido bueno, ¿no? Pero... en fin, tuvo muchos premios. Siempre decía que si ganaba una determinada cantidad de plata, inmediatamente se iba a comprar una biblioteca. Tenía libros por todos lados. Y plata guardada adentro de los libros por todos lados..."

Los recuerdos fluyen y fluyen y al Nobel que nunca llegó se contraponen infinidad de alegrías por otros premios obtenidos. En 1979 el Ministerio Español de Cultura le concedió el premio Cervantes, el más importante de nuestra lengua, junto al poeta español Gerardo Diego. La noticia lo llenó de alegría: "Siento que este premio es la coronación de mi vida y también el complemento magnífico de un año 1979 signado por un acontecimiento para mí inolvidable: mi viaje a Japón, realizado igualmente gracias a la invitación de un ministerio de Educación, en ese caso el de Japón. El premio Cervantes me honra porque ha sido otorgado por gente literaria, y no por políticos. No salgo de mi asombro. Me considero indigno, pero estoy muy agradecido. Me alegra también compartirlo con un gran poeta" (*La Nación*, 22 de enero de 1980).

Fanny recuerda que ese día lo vio feliz como pocas veces. "Estaba muy contento. En seguida que recibió la noticia comenzaron los llamados telefónicos y las visitas. Lo llamaban de todas partes del mundo. Creo que lo que más lo divertía era la ceremonia de entrega del premio, donde se iba a encontrar con el Rey de España.

"Además se puso muy contento porque dijo que con esa plata se iba poder comprar la *Enciclopedia* Espasa Calpe. Lo comentó por una radio y al otro día le mandaron una de regalo. Estaba radiante. Después me dijo: 'Ahora sé Fanny qué tengo que hacer cada vez que necesito o me gusta algo: tengo que decirlo por la radio y al día siguiente me lo regalan'."

Borges aprovechó la ocasión para desmitificar que él había vertido juicios contrarios a la literatura española, resaltando que su visión crítica estaba referida sólo a determinados autores en particular. En ese sentido realizó elogios a favor de: "...Juan Ramón Jiménez, Antonio y Manuel Machado, Unamuno de quien he sido muy lector; Jorge Guillén, que tal vez sea el máximo poeta vivo de la lengua castellana..." (*La Nación*, 22 de enero de 1980).

Sin embargo, en la memoria de Fanny sigue apareciendo el hombre de su casa, el que cotidianamente conversaba con ella, el que estaba lejos de todos los elogios y galardones que el mundo le tributaba:

"Era una persona muy tranquila. Por las tardes, si estaba solo, se sentaba en el sillón del living y ahí pasaba largos ratos, hablaba solo y gesticulaba, seguramente inmerso en su mundo literario. Otras veces cuando se bañaba, hacía lo mismo. Todas las mañanas se daba un baño de inmersión con el agua hasta la mitad de la bañera y yo lo escuchaba decir cosas y hacer señas con las manos. En más de una ocasión se quedaba dormido mientras se bañaba.

"Podría decirse que no era una persona divertida, en el sentido de estar matándose de risa todo el día. Pero sí era alegre, ya que siempre le encontraba el lado humorístico a todas las cosas. Sí, se veía muy feliz cuando venía el señor Adolfito; ahí sí parecía otra persona y se reía a veces a carcajadas".

V

UN CASAMIENTO INÚTIL

"Es una experiencia distinta,
nueva para mí. Es la experiencia
de la tardía felicidad, con el
acento puesto en la palabra
felicidad. En este caso me parece
que en cierto modo no podré
decir que la he conquistado pero
que la he merecido más."
Revista *Life* (en español), 11 de marzo de 1968

Si bien Borges descreía del matrimonio como institución, ya que lo consideraba un triste destino para la mujer, esto no lo amilanó para proponerle enlace a más de una (Concepción Guerrero y Estela Canto entre otras). Sus relaciones con las mujeres no se caracterizaron precisamente por haber sido duraderas y dejan la sensación, después de haberlo escuchado hablar sobre el tema, que en la mayoría de los casos sus deseos amorosos no fueron correspondidos.

Sin embargo al promediar los años sesenta Borges encontró la mujer que lo llevaría hasta el Registro Civil para aceptarla en matrimonio y en esto tuvo una activa participación su madre. Recuerda Fanny:

"El señor tuvo una participación secundaria en las decisiones, salvo para temas muy puntuales, y por momentos mi sensación era que él sentía que ese casamiento le era ajeno, como si quien se casara fuera otra persona. Hay dos o tres hechos que dan una pauta de lo sucedido".

Jorge Luis Borges y Elsa Helena Astete Millán se casaron ante el Registro Civil de la ciudad de Buenos Aires el 4 de agosto de 1967. Para esa fecha Elsa tenía cincuenta y siete años, ya que había nacido el 7 de junio de 1910. El 21 de septiembre siguiente se realizó la ceremonia religiosa y Borges entonces ya tenía sesenta y ocho años. El compromiso, como era de rigor, se había realizado durante el mes de febrero de ese año tras una relación que se había iniciado en la juventud, cuando Borges visitaba la ciudad de La Plata y se alojaba en la pensión de la madre de Elsa. Sin embargo debieron pasar algo más de cuarenta años para concretar lo que fueron simpatías juveniles, con un casamiento de por medio y una temprana viudez de la consorte. Elsa se había casado con Ricardo Albarracín de quien enviudó en 1964 tras veintisiete años de matrimonio.

La *Marcha Nupcial* de Mendelsohn, ejecutada en el órgano de la iglesia de Nuestra Señora de las Victorias, fue el marco que acompañó a un reducido grupo de amigos y parientes –no más de cincuenta– que a las 16.20 horas de ese día presenció el acto nupcial. Borges ingresó al templo acompañado por su madre, y cinco minutos más tarde lo hizo la novia acompañada de su padrino, el señor Antonio M. Astete Millán hermano de la contrayente. La ceremonia estuvo a cargo del Obispo titular de Carpi y auxiliar del arzobispado de Buenos Aires, monseñor Ernesto Segura.

El acto fue austero y sencillo, y tuvo su pico de solemnidad al retirarse los esposos del altar bajo los acordes de la música de Wagner.

"El casamiento fue por civil y por Iglesia, en Nuestra Señora de las Victorias, y después se hizo una fiesta en el departamento de la calle Maipú. Vinieron los familiares más directos y las amistades que lo frecuentaban por aquel tiempo. Recuerdo a algunas señoras amigas arrojándole arroz y la cara del señor Borges, mezcla de desconcierto y picardía. Esa cara que él ponía en algunos momentos era para mí inconfundible. Hablaba con la mirada, como diciéndome Fanny, mire lo que están haciendo conmigo.

"Se casaron el día de la primavera y en realidad el clima estaba espléndido. Pero en seguida empezaron los problemas. Por la noche el señor Borges y la señora Elsa, después que se fueron los amigos que habían venido a saludarlos, tuvieron una pequeña discusión. La señora Leonor, a toda costa le insistió al señor Borges para que fuera a dormir al Hotel Dorá, con su mujer, y ella también por supuesto, pero él no quiso saber nada.

"'Para eso se casó', repetía doña Leonor. Pero él no quiso ir por nada del mundo, pese a las insistencias de la madre. La señora

Leonor se vistió y acompañó a Elsa hasta la parada del colectivo para que se fuera a su casa en la calle Talcahuano. Entonces esa noche le acomodé la cama y se acostó a dormir como siempre. A la mañana siguiente cuando lo desperté le pregunté, con un poco de picardía, cómo le había ido en la noche de bodas. Me miró, se sonrió y me dijo: 'Soñé toda la noche que iba colgado de un tranvía. Fíjese el sueño raro que tuve'."

Fanny esboza un gesto risueño al recordar la anécdota. Borges era un hombre desacostumbrado a los cambios y ciertas rutinas de la vida cotidiana le daban seguridad. Fanny da pautas de ese comportamiento observado en los pequeños detalles:

"Doña Leonor era una buena señora, pero muy autoritaria. Fue la mamá y la hermana las que arreglaron el casamiento porque él nunca dijo nada, no sabía nada. Más tarde se separaron y un día la señora hablaba mal de la nuera y yo le dije que la culpa la habían tenido ella y la señora Norah. Le compraron los muebles, le compraron el departamento, todo lo compró la señora Leonor. Yo me acuerdo que tuve que ir a ordenar a los pintores y decirles cómo arreglar las cosas. El departamento era hermoso, con una habitación muy grande y luminosa para el matrimonio pero el señor Borges le dijo a la madre: 'No, yo quiero mi habitación con mi cama'. Así que tuvimos que arreglar una habitación para él, con su escritorio y con sus cosas. Entonces Leonor le dijo a Elsa: 'Georgie no quiere cama de matrimonio'. Ella le dijo que no le importaba, que sabía cómo atraer a los hombres a la cama. Todo lo arreglaban entre ellas.

"Pero estos arreglos no salieron nada bien. Después de esa primera noche que no pasaron juntos, vino la luna de miel, que fue también una sucesión de malentendidos. Estaba previsto que pasaran unos días en la quinta del señor Adolfito en Las Flores, pero el día que tenían que viajar la camioneta que iba a llevarlos se descompuso. Esperaron unos días y tras un nuevo intento también frustrado, finalmente viajaron. A la vuelta el señor llegó muy enojado por sus primeros días matrimoniales, se quejaba de que lo único que ella hacía era ordenar la comida, que hay que comer esto o comer lo otro, rezongaba. Tampoco durmieron juntos. En una oportunidad le pregunté a María Kodama cómo se arreglaban cuando viajaban y ella me dijo que siempre pedía una habitación aparte. Era un hombre al que no le gustaba dormir con otra persona y su cama era sagrada.

"El señor dormía con un camisón como se usaba antes, al igual que el señor Adolfito, y cuando se casó, Elsa me preguntó qué usaba el señor Borges para dormir y le dije, con un camisón largo hasta los pies. Un camisolín. Ella, que quería cambiar sus costumbres, no sé porqué razón, me contestó: 'Conmigo no va a usar camisón. Yo le voy a comprar piyamas'. Y así lo hizo. Después que se separaron y el señor volvió al departamento de Maipú siguió con la costumbre del piyama".

Los primeros días de vida matrimonial fueron muy difíciles para todos. A Borges le costó mucho adaptarse a esa nueva vida; para Elsa, si bien todo era una novedad, ahora estaba al lado de un hombre cuyos únicos intereses eran literarios y que venía de convivir con su madre durante toda su larga vida, y empezaba a gozar de un reconocimiento que lo mantenía en constante actividad. Recibía a diario invitaciones para concurrir a reuniones sociales, la mayoría de ellas en Embajadas, a las que muchas veces se veía en la obligación de concurrir. Y su programa de viajes y conferencias era nutrido. Asimismo, el periodismo comenzaba a buscarlo para requerir sus opiniones y seguía al frente de la Biblioteca Nacional. Para Leonor la situación no fue menos traumática. De pronto sintió la ausencia de su hijo y esto la sumió en un pozo de tristeza. "A partir del casamiento del señor Borges –recuerda Fanny– vivíamos las dos solitas."

La soledad para Leonor se hizo evidente en un hecho que podría pasar inadvertido, pero para ella fue la verdadera toma de conciencia de que la ausencia de su hijo era definitiva.

"El día que mudaron la biblioteca del señor Borges para el

departamento de la avenida Belgrano la señora Leonor se puso muy mal. Estaba muy deprimida ese día. Claro, ella estaba acostumbrada a que el señor viajara para dar algunas conferencias y su ausencia por unos días era una cosa natural, pero cuando se llevaron la biblioteca quedó un hueco en la pared. Yo recuerdo que ella pasaba por el comedor y se detenía a mirar la pared en blanco, como si ése fuera el símbolo de la ausencia de su hijo.

"Contrariamente a lo esperado y también por las muchas actividades que tenía el señor en ese tiempo y los muchos viajes que hacía, no venía muy seguido a visitar a la madre, pero nunca faltaba los domingos. Ese día se reunían todos para comer y allí estaba Norah con su familia, el señor Borges con Elsa y por supuesto doña Leonor que presidía la mesa."

Leonor Acevedo, por aquellos tiempos ya había pasado los noventa años de edad, seguía manteniendo una vida activa y muy independiente. Todos los jueves sus amigas venían a tomar el té y siempre acostumbraba a dar sus paseos por Buenos Aires. También recibía visitas de la familia, amigos y allegados.

"Al que recuerdo que venía muy seguido a visitar a doña Leonor, sobre todo mientras el señor estuvo casado, era el almirante Rojas. En la casa le decían "Hormiga Negra" y cuando lo conocí me di cuenta porqué. Venía al departamento de Maipú, siempre con un ramo de rosas para la señora, y era muy atento con ella. Se quedaban en el living charlando durante largos ratos y después se iba. En una oportunidad alguien del edificio, que sabía de la presencia del almirante Rojas en el sexto piso, le puso un cartel en la puerta del ascensor para insultarlo. Él se mostró muy contrariado. Era una persona que por su aspecto no despertaba mucha simpatía y además desde luego era antiperonista. Conmigo se portó muy bien. Un día le pedí si no podía conseguirle trabajo a un sobrino político mío, que vivía en Rosario, Carlos Rueda. Quería trabajar en alguna actividad relacionada con la Marina. El almirante Rojas me dijo que lo fuera a ver y al poco tiempo le consiguió el trabajo, que todavía hoy lo conserva."

Otra de las actividades que mantenían en plenitud a la anciana madre de Borges era la correspondencia. Sostenía relaciones epistolares con varias personas pero fundamentalmente con Esther Haedo de Amorín, que por entonces vivía junto a su esposo, el escritor Enrique Amorín, en la estancia "Las Nubes" situada en la localidad uruguaya de Salto. En las cartas Leonor nunca deja de mencionar a su hijo y las actividades que desarrolla. Refiriéndose al casamiento escribe a Esther:

"(...)He demorado en contestarte porque han pasado cosas que son y serán muy importantes en mi vida, además es lo que siempre le rogué a Dios que sucediera. Georgie se casa con una señora de Albarracín, que fue un *flirt* de sus veinticinco años, que quedó en nada, tal vez porque ella fue con su familia a vivir a La Plata y se casó; no la perdió de vista porque la hermana se casó con un íntimo amigo de él: Néstor Ibarra, pero claro, eran relaciones amistosas. Hace tres años que enviudó y unos pocos meses que volvió a vivir aquí, vino el reencuentro *et voila!*, ya ves, qué romántico, se casarán en agosto y se irán a Norte América por unos meses. (...) Estamos muy contentos todos, en especial Norah, que no comprendía por qué Georgie no se casaba" (13 de mayo de 1967).

Algunas cosas siguen conmoviendo a Fanny aun en el recuerdo: "Era increíble ver a esa mujer anciana cómo escribía. Tenía más de noventa años y hacía una letra que parecía una colegiala. Encima después se quejaba que le temblaba algo el pulso. Yo le decía pero señora Leonor, es fantástico como usted escribe. En los meses previos al casamiento del señor Borges ella estaba muy contenta porque consideraba que Elsa iba a cuidar de su hijo como ella, cosa que después no ocurrió. Pero estaba muy, pero muy feliz".

Y Leonor así se lo hace saber a Esther: "Sabrás por Aurora que Georgie se casa. ¿Qué me dices? En septiembre, y partirá (no se puede decir el *young couple*) para Estados Unidos donde él tiene el contrato en Harvard de que te hablé. No vuelvo de mi asombro, estoy contenta, era mi preocupación lo que sería de él cuando yo faltara, y como es una señora viuda, unos once o doce años menor que él, creo que sabrá cuidarlo. La más contenta es Norah, ya sabes lo casamentera que es, y además porque estaba aterrada con que yo pasara tres inviernos, este, el de allá tan bravo y el del 68, ya que recién volverán el primero de junio (...). Disculpa estas líneas tan descosidas, pero debo volver a lo de Norah" (21 de mayo de 1967).

Como queda claro, el matrimonio de Borges y Elsa Astete no funcionó desde el principio, y era lógico que así fuera. El reencuentro era el de dos personas distintas, que habían transitado vidas distintas y que pocas o muy pocas cosas tenían en común. De los meses de estadía en Estados Unidos, Borges trajo ingratos recuerdos, aunque nunca cesó en su producción literaria. El poema "James Joyce", firmado en Cambridge, 1967, quizás refleje en sus dos endecasílabos finales un día de desencuentros con su esposa Elsa: "Dame, Señor, coraje y alegría/ para escalar la cumbre de este día".

En los primeros meses de matrimonio ya se empezó a advertir un descuido en el arreglo personal de Borges. En una ocasión Elsa le preguntó a Fanny cómo tenía que hacer para vestirlo: "Hay que ponerle toda la ropa a mano", le explicó Fanny. "Yo le abro el cajón y le digo que se vista él solo", respondió Elsa.

Fanny se lleva una mano a la cabeza, sonríe cariñosamente y recuerda: "Nunca voy a olvidar el día que el señor vino con un zapato de un color y otro de otro. Cuando le pregunté qué era eso, él se mostró muy asombrado y le expliqué que tenía mal puesto los zapatos. 'Con razón no podía caminar bien', me dice. ¡Cómo va a caminar bien si tiene puestos dos zapatos distintos, encima los dos del mismo pie! Entonces se los hice sacar y le conseguí un par en condiciones".

Lo cierto es que su fiel servidora lo había acostumbrado a una asistencia que su esposa no estaba en condiciones de brindarle o no quería hacerlo. "Yo lo vestía por completo, incluso aprendí a hacer el nudo de la corbata que antes no sabía hacerlo. Le ponía la ropa, las medias, le abrochaba los zapatos, el pantalón, todo. Absolutamente todo. También tenía que ver que combinaran los colores. Una mañana entró Odín Barón Supervielle y le dijo: 'Qué paquete que está Borges. Qué bien arreglado se lo ve', y el señor le contestó: 'Yo no sé de qué color es la ropa ni cómo es'. El Barón, asombrado le preguntó cómo se las arreglaba y él le dijo 'Fanny se ocupa de todo. Ella decide cada día la ropa que me tengo que poner'.

"Fíjese por las fotografías que él estaba siempre impecable. Se vestía austeramente y casi siempre con camisa y corbata, salvo los fines de semana. Pero en el tiempo que estuvo con la señora Elsa todo fue distinto. Ella había comprado esas corbatas que ya vienen con el nudo preparado para enganchar. La ropa se la compraba de segunda mano. Trajes, camisas.

"Cuando estaba con la señora Leonor iban al sastre. Y el sastre le hacía los trajes. Al lado del departamento de Maipú, en la segunda casa había una sastrería... Entonces cualquier cosa yo lo llevaba o lo llevaba la señora, para ver cómo le quedaba, si le quedaba corto o ajustado, ahí ya sabían las medidas y los gustos del señor, siempre estaba bien arreglado. Y después las camisas eran siempre celestes. Blancas en cambio para vestir con traje negro o azul.

"En realidad podríamos decir que la señora Leonor elegía toda la ropa y él asentía sin poner reparos. En ese sentido era una persona muy sumisa y además mucho no le importaba el tema. Estaba ahí como desentendido, como si la ropa que iban a comprar fuera para otro. Además no tenía mucha ropa, sólo lo necesario. Era otra época, todo era distinto. No sé, tendría tres o cuatro trajes.

"En una oportunidad le hicieron una nota en una revista, creo que *Vosotras*, y ahí dijeron que el señor estaba vestido con ropa vieja, que tenía un sobretodo pasado de moda y las medias zurcidas. Los pantalones estaban rotos y estaban cosidos por la madre... era mentira. Y sí, no era así, no era así. Quizá en ese entonces no tuviera como tuvo después, ropa elegante, linda ropa, pero como en el tiempo de antes no era tan coqueto... Y después ya claro, estando con María era diferente porque compraban ropa en los viajes. Tenía un hermoso traje para usar cuando daba conferencias. Y un día cuando volvieron de un viaje saqué las cosas de la valija y me doy cuenta que el traje ese no estaba, y le digo a María, no está el traje que el señor usa para las conferencias. No lo trajeron. 'Cómo no', me dice, 'si yo misma lo puse en la valija. Usted lo habrá llevado a la tintorería'. Y le dije que no, que yo no había llevado ningún traje a la tintorería, pero ella insistía que tiene que estar, tiene que estar. Al poco tiempo se fueron de viaje otra vez y cuando llegaron al hotel donde se habían hospedado antes apareció el traje que el señor se había olvidado, pero como justo antes ella le había comprado otro tenía dos trajes iguales."

El deterioro que la nueva vida le acarreaba a Borges también era observado por su madre que así lo relata en una carta a su amiga Esther de Amorín: "Aquí me tienes, contenta con la vuelta de Georgie que parece feliz, pero muy flaco; vio su médico, los análisis de sangre normales, tal vez se ha movido demasiado y demasiadas conferencias son la causa de su delgadez y nerviosidad, y aquí sigue en lo mismo, pasado mañana se van a Corrientes y a Chaco por tres días y lo peor es que lo solicitan de todos lados, antes yo lo defendía, ahora pasó mi reinado. (...) El viaje de Georgie ha sido una gira triunfal y aunque no cuenta mucho (ella sí) parece satisfecho y orgulloso, si esto es posible en él. Estoy tratando de hacerme a mi nueva vida, cosa no fácil a mis años, lo trataré" (22 de abril de 1968).

Fanny se sigue sorprendiendo con sus propios recuerdos. "Una mañana la señora Leonor se levanta y me dice: 'Fanny, voy a hacer pintar toda la casa y vamos a hacer algunas reformas aprovechando que ahora vivimos solas'. Y así fue, a los pocos días había un montón de gente trabajando y yendo de aquí para allá conducidos por esa increíble mujer de más de noventa años. Las paredes las pintaron de color marfil y los marcos de la puerta blancos. La habitación del señor se transformó en un pequeño salón, revestidas las paredes en tela y con un nuevo cortinado."

El desenlace de esta relación fue el esperado: tras dos años y medio de convivencia, se produjo la separación. Borges era asistido en esos tiempos por su traductor al inglés Norman Thomas di Giovanni a quien le pidió ayuda para salir de esa incómoda situación. Un día se despidió de su esposa como todos los días y viajó a Córdoba acompañado de Di Giovanni. Pero ya no iba a regresar más al departamento en común. Fanny recupera en su memoria esos momentos: "Una tarde llegó la señora Elsa muy alterada, entró por la puerta de servicio y gritaba y gesticulaba contra el señor Borges. La señora Leonor, que estaba sentada en el living, la increpó: '¿Pero qué te pasa?', pero Elsa estaba tan furiosa que no podía ni hablar. 'Me pasa que me dijo que volvía a la noche, que le preparara un puchero para cenar y después me llamó su abogado para decirme que quería separarse. Es un cobarde, por qué no me lo dijo en la cara'. La señora Leonor logró calmarla y entonces Elsa más tarde se fue para su casa, pero en la cara de la madre del señor se reflejaba un gesto de alegría".

Borges mantuvo la mayor reserva posible sobre la nueva situación y sólo recién en 1970, declaró con relación al divorcio: "Después de tres años comprendimos con mi esposa que no nos entendíamos. Ahora todo está tramitándose en un juzgado. Creo que esto es muy normal (...) Nos separamos como amigos. Entre mi esposa y yo no hay una situación hostil. Somos dos mundos distintos, que no tenemos punto de contacto" (revista *Así*, Año XVI, N° 743, 1° de septiembre de 1970).

Para su madre la separación de su hijo tenía una doble lectura, por un lado era una liberación y por otro la alegría de recuperar su compañía y volver a tenerlo en su casa: "Georgie resolvió separarse de su mujer el 7 (sólo lo supe el 6) y aunque está aquí conmigo, al parecer feliz y libre de una especie de secuestro moral, tú sabes que estas cosas y trámites legales traen siempre aparejadas cosas desagradables.Yo, que siempre estoy nerviosa, lo estuve más cuando él se fue con su secretario afuera, sin decirme adónde, me hablaba hasta dos veces por día. Con su vuelta y su cariño me voy tranquilizando. Pero las revistas, aunque hemos tratado todo con gran reserva, ya irán propalando chismes y quién sabe lo que hará la otra parte".

Sólo la biblioteca de Borges volvió a la calle Maipú, el resto quedó todo para su consorte. "El final era previsible –dice Fanny– porque eran dos personas muy diferentes entre sí. La casa que hasta ese momento había estado como apagada recobró su vida normal, comenzaron a venir visitas todos los días, comenzaron los llamados telefónicos para entrevistas con periodistas, y la señora Leonor cambió hasta su semblante. Incluso le prometió al señor que lo iba a acompañar en algunos viajes que tenía programados y algunos los hizo. Comenzó a salir nuevamente y fue varias veces al cine.Y mire que ya tenía cerca de noventa y cinco años.

"Cuando el señor Borges se casó, y se fue a vivir con la señora Elsa al departamento de la Avenida Belgrano, su sobrino Luis se llevó la cama de bronce del dormitorio, humilde pero hermosa, y trajo otra parecida en su lugar. Cuando el señor volvió fue a su dormitorio, pasó la mano por el respaldo de hierro de la cama y se dio cuenta que no era la suya. Pidió inmediatamente que se la trajeran y tuvieron que devolverla. El señor Borges era admirable, siempre hacía respetar su voluntad, y hasta que no lo conseguía no se quedaba tranquilo. Nunca se sintió cómodo con su nueva vida y yo creo que durante ese tiempo debe de haber sufrido mucho."

VI

¡MADRE, MADRE!

"Desde entonces me has dado tantas cosas
y son tantos los años y los recuerdos. Padre,
Norah, los abuelos, tu memoria y en ella la
memoria de los mayores –los patios, los
esclavos, el aguatero, la carga de los húsares
del Perú y el oprobio de Rosas–, tu prisión
valerosa, cuando tantos hombres callábamos,
las mañanas del Paso del Molino, de Ginebra
y de Austin, las compartidas claridades y
sombras, tu fresca ancianidad, tu amor a Dickens
y a Eça de Queiroz, Madre, vos misma."

J. L. Borges, "Dedicatoria", *Obras completas,*
Buenos Aires, 1974

Leonor Rita Acevedo nació en la ciudad de Buenos Aires en la calle Tucumán 840 –donde luego nacería su hijo Jorge Luis– el 22 de mayo de 1876. Fue hija única y tardía: cuando llegó al mundo sus padres rondaban los cuarenta años y llevaban más de diecisiete de matrimonio (lo cual hizo girar en su cabeza ciertas dudas en torno a la verdadera paternidad de los mismos). Recibió una esmerada educación y eso le permitió ser un inestimable sostén de los intereses literarios de su esposo Jorge Guillermo –con quien se casó en 1898–, y más tarde de su hijo.

"El señor sufrió muchísimo cuando murió la madre, hasta que se pudo adaptar un poco. Los amigos en ese momento lo ayudaron mucho, el señor Adolfito lo venía a buscar todos los días y lo llevaba a comer o a caminar o a cualquier otro lado. Cada vez que volvía de la calle, o cuando regresaba de un viaje, al entrar al departamento iba directo hacia la habitación de la madre, se paraba en la puerta y le contaba lo que había hecho: 'Madre, ya estoy de vuelta, hoy fuimos a cenar con Silvina y Adolfito, comí tal cosa, estoy bien'.

"Y así siempre hasta el último día que estuvo en Buenos Aires. Porque ésa era una costumbre que él tenía de toda la vida. Cuando volvía tarde la señora estaba en la cama y él se paraba en la puerta y le contaba todo. Después iba a su habitación, se ponía el piyama y estiraba la mano: ¿para qué? Para que yo le diera caramelos, le ponía dos caramelos, todas las noches, y un pañuelo arriba de la almohada mojado con colonia. A veces no tenía colonia y lo mojaba con agua y él creía que era colonia. Tenía esas mañas. Para mí era como un bebe.

"Un día me dijo: 'Si yo me hubiera casado, me habría gustado tener una hija como usted'."

La muerte de la madre

"El día que murió la señora Leonor no lo voy a olvidar jamás. Ella todas las noches me llamaba con el timbre y yo iba corriendo y le decía: señora qué necesita. 'Nada, sólo te quería ver'. Y yo le daba un beso y me iba a mi cama y en seguida me dormía. Pero la noche que se estaba por morir yo estaba acostada durmiendo y tuve la sensación de que la señora me había llamado o fue un sueño o el alma de ella. Fui, entré en la habitación y ella se estaba muriendo. La senté en la cama pero su cuerpo parecía que se estaba quemando, su cara era otra, estaba como transformada. Eran las cuatro y veinte de la mañana y fui a la habitación del señor y le dije: señor, señor, me parece que la señora murió. Él vino y le gritaba. '¡Madre! ¡Madre!', pero ya no había más nada que hacer."

Leonor Acevedo falleció el 8 de julio de 1975, a los noventa y nueve años, unos días antes de cumplir su casi centenaria edad. Se quejaba de la prolongada existencia que el destino le había deparado. Había convivido con su hijo durante toda la vida, a excepción de los escasos dos años y medio que Borges vivió junto a Elsa Astete.

Fue mucho más que una madre que se ocupa de la crianza de su hijo. En lo literario, resultó un sostén inestimable: fue su lectora durante décadas, y con mayor ahínco cuando su vista comenzó a declinar. Fue la amanuense que transcribió la mayor parte y lo más trascendente de la obra del genial escritor, y muchas veces su consejera aportando soluciones claves en la definición de determinados cuentos. Y fue también su compañera en los muchos viajes que realizó a lo largo del mundo y su secretaria, ya que se ocupaba de la organización de sus actividades cotidianas, entrevistas, conferencias, etc. Su desaparición física fue un hecho de fuerte impacto en la vida de Borges.

"A la mañana siguiente los primeros en llegar fueron el señor Adolfito y la señora Silvina y más tarde empezaron a llegar un montón de personas, familiares, amigos. Miguel de Torre se ocupó de todos los detalles. A la señora la velaron en su habitación. Al principio en la cama y a la noche la pusieron en el cajón. Ella tenía todo dispuesto para cuando muriera. Tenía un paquete lleno de cartas que le había escrito el marido cuando fueron novios, un almohadoncito que ella había bordado, y el camisón que le había encargado a Esther Haedo de Amorín para esa ocasión. La almohadita estaba rellena con flores secas, con violetas que le traía el marido desde que se conocieron y ella fue guardando pacientemente. Cuando murió, yo ya tenía las instrucciones de lo que debía hacer con cada cosa. Primero le saqué toda la ropa, la lavé con agua tibia, la arreglé, le puse una sábana hermosa que tenía guardada y la vestí con el camisón. Estaba muy flaquita. Yo sabía que cuando uno se muere hay que ponerle una moneda en los ojos y yo le puse las monedas para que no le quedaran abiertos. También le até un pañuelo a la cabeza para evitar que se le abriera la boca. Trajeron unas velas altas que se pusieron en la cabecera pero no se permitió el envío de flores. El señor se pasó todo el día gritando ¡madre!, ¡madre! Fue algo muy feo.

"Por la noche le preparé una sopa para que comiera algo y más tarde le pidió a toda la gente que se fuera. Incluso hubo algunas personas que llegaron a las dos de la mañana, pero el señor se había acostado, estaba en piyamas, se levantó y fue abajo y le dijo a la gente que se fuera que estaban durmiendo. Estaba, entre otros, Sara Borges que se enojó muchísimo con él porque no podía entrar a ver a Leonor. La señora Norah se acostó en un sofá y el señor en su cama. Él estaba muy turbado esa noche, muy afectado. Yo me quedé en la parte de servicio junto a una compañera que trabajaba en el quinto piso. En un momento ella me dijo que fuéramos a estar un rato con la señora. Vamos, vamos, le contesté. Y ahí estuvimos durante toda la noche, las dos solitas junto a la señora Leonor mientras sus hijos dormían en otra parte de la casa.

"Al momento de cerrar el cajón me quedé sola con ella en

la habitación y el personal de la empresa fúnebre. Cuando le desaté el pañuelo me di cuenta que no le había puesto los dientes postizos que la señora usaba, pero no me atreví a abrirle la boca, los dejé apoyados en un costado. Le puse entre las manos el paquete con las cartas de su marido, que ella tanto amaba, la foto, que estaba en un hermoso portarretrato todo trabajado en bronce y el almohadoncito. Cumplí con todo lo que ella había pedido. Se llevó las cosas que siempre la habían acompañado. Cada vez que hacía un viaje, e hizo muchos junto a su hijo, llevaba un maletín donde estaban todas esas cosas que tanto quería. De lo único que me olvidé, después de que cerraron el cajón y se fueron a la Recoleta, fue de sacarle el anillo ancho de casamiento que ella tenía. Se lo llevó y ahora pienso que el olvido mío debe estar relacionado con el olvido de ella en pedirme que también se lo dejara.

"A partir de ese momento el señor Borges empezó a ir con regularidad al Cementerio de la Recoleta. Yo siempre lo acompañaba y al principio tuvimos que pedir un cambio ya que el cajón de doña Leonor lo habían puesto abajo y yo pedí que lo subieran. Lo colocaron bajo la mesada de mármol que hay en la entrada de la bóveda. En la parte de arriba está el cajoncito que contiene los restos de la hija de Luis, el otro hijo de la señora Norah, y también del Coronel Suárez y del padre del señor, entre otros.

"En una oportunidad fuimos con la señora Norah, la pasamos a buscar por su casa de la calle Paraguay. Al llegar, el señor Borges tocó el cajón de la madre, le dio un beso y se puso a rezar el padrenuestro como en secreto. Norah lloró ese día mucho y el señor después me preguntó por qué había llorado tanto. Y yo le expliqué que era porque ahí estaba el cajón con los restos de su nietita, que había muerto poco antes.

"Otra vez el doctor Fernández Ordóñez me pidió que lo acompañara a la Recoleta para llevarle una flor a doña Leonor. También murió el doctor Fernández Ordóñez. Yo lo recuerdo porque cuando venía de Córdoba siempre se alojaba en el Hotel Dorá y después cruzaba a la casa de Borges a conversar y salían a comer. Después la amistad se deshizo por intervención de María Kodama. Le decía al señor Borges que Fernández Ordóñez era un borracho.

"Después de la muerte del señor no volví más a la Recoleta. A veces pienso que me gustaría ir a llevarle una flor a la señora Leonor."

De cuerpo entero

"Hay un hecho que quisiera recordar ahora y que pinta de cuerpo y alma a doña Leonor. Si bien como antes dije era una persona autoritaria, todos sus actos estaban guiados por conceptos de justicia y, contrariamente a lo que pudiera pensarse, respetaba y mantenía en un marco de igualdad a todo el mundo.

"Una noche mi nieto Manuel, que ya vivía con nosotras y era muy chiquito, estaba molesto y lloraba sin parar, fastidiando por supuesto a todos los habitantes de la casa. Quiero hacer mención que el departamento de la calle Maipú si bien era cómodo, para las pocas personas que lo habitábamos, no era de grandes dimensiones, y por lo tanto el llanto del nene se sentía desde todos lados. El señor Borges salió de su habitación, eran más de las once de la noche, y me pidió en forma reiterada que hiciera callar al niño. 'Por favor Fanny, así yo no puedo dormir'. Siempre correcto, pero insistente. Cuando la señora Leonor escuchó la queja de su hijo se levantó de la cama y salió al living donde se encontraba el señor y le dijo: 'Si no le gusta se va a dormir al Hotel Dorá, pero la criatura tiene que llorar. Además si el nene se va, se tiene que ir Fanny también y yo quiero que ella se quede'. El señor Borges dio media vuelta entró rápidamente en su habitación y no dijo nunca más una sola palabra al respecto.

"Para mí ella fue también como una madre. En los últimos años de su vida yo la llevaba en silla de ruedas hasta la plaza San Martín, donde conversaba con mucha gente que la conocía desde mucho tiempo atrás. Siempre se quejaba de la vida larga que tenía y a veces me decía: 'Fanny dame un palo por la cabeza, yo me quiero morir'. No, le dije, si yo hago eso voy a ir presa.

La caída

"En una ocasión ella se levantó de la cama para ir al baño y se resbaló y quedó tirada en el piso. Llamaba al señor y me llamaba a mí, pero como estaban las puertas cerradas no la oíamos. Cuando fui a su habitación y la vi, la levanté inmediatamente y la puse en la cama. No sé de dónde saqué fuerzas para hacerlo. En ese momento me salió de adentro llamarla 'madre', ya que yo no tuve madre y ella para mí lo era. Me dio mucha pena porque la señora estuvo en el piso durante horas llamando: 'Fanny, Fanny, Georgie, Georgie'. Cuando el señor vino a ver qué pasaba le dijo: 'Madre, cómo no me llamó'. La señora Leonor le contestó un poco severamente: 'Pero si te estuve llamando durante toda la mañana y no me escuchaste'.

"Él también cerraba su puerta del dormitorio para dormir."

La partida

"Pocos días antes de que el señor Borges se fuera definitivamente, ocurrió un hecho curioso: después de que murió la señora Leonor su habitación se mantuvo intacta. Yo todas las semanas cambiaba las sábanas que eran de hilo con bordados, hasta que me di cuenta de que sólo era necesario estirar un poco el embozo cada tanto. Pero ese día el señor fue y se acostó en la cama de la madre. Se colocó boca arriba como si estuviera mirando el techo. Yo me acerqué porque presentí que se estaba como despidiendo, entonces se puso a llorar y me dijo: 'Yo no me quiero ir Fanny, porque si me voy me voy a morir lejos'. Él lo sabía, pero ya estaba muy grande y enfermo, y no tuvo la fuerza para quedarse acá."

Fanny me mira. Su rostro dibuja un gesto de piedad, como si el recuerdo de aquellos días finales de Borges en Buenos Aires la extenuaran. Y dice: "Fueron momentos muy tristes, es una historia muy triste. Quizás otro día se la cuente."

VII

"SI LOS PERDONA, LE VAN A VOLVER A ROBAR"

"...No puedo suplicar que mis errores
me sean perdonados; el perdón es un
acto ajeno y sólo yo puedo salvarme.
El perdón purifica al ofendido, no al
ofensor, a quien casi no le concierne..."

J. L. Borges, "Una oración", *Elogio de la sombra*,
Buenos Aires, 1969

La familia directa de Borges se circunscribía a un grupo reducido. No conoció a su abuelo paterno y el materno murió cuando Borges tenía apenas seis años. Su abuela materna, doña Leonor Suárez de Acevedo, muere en 1918, en Ginebra, y la madre de su padre, la abuela inglesa Frances Ann (Fanny) Haslam muere en 1935, en Buenos Aires. Desde entonces, y tras la muerte de su padre, en 1938, vivió con su madre y formaron parte de ese grupo familiar su hermana Norah, su cuñado, el escritor y crítico español Guillermo de Torre y sus sobrinos Luis y Miguel.

Borges nunca se ocupó de los aspectos materiales de su vida. La administración de la casa estaba en manos de su madre con la colaboración de Fanny, y luego quedó todo en manos de sus sobrinos quienes llevaban adelante los trámites engorrosos, las cuentas bancarias y los pagos que debe hacer cualquier ciudadano común.

"El señor Borges –recuerda Fanny– quería mucho a sus sobrinos. Cuando Luis se casó, en el año 1969, el señor le regaló un departamento en la calle Esmeralda. Ese año fue muy complicado para la familia ya que el señor Guillermo, el esposo de la señora Norah, había tenido un infarto. Además estaba mal de la vista, y ya casi no podía leer. Para colmo la señora Norah había tenido un accidente cuando iba por la calle. Un señor que venía corriendo se tropezó y la llevó por delante y le hundió dos costillas.

"Pero unos años después ocurrió un hecho terrible, que impacto en toda la familia: a Luis se murió una hija en un accidente ocurrido en una pileta en Tortuguitas. La nena tenía cinco años. Fue una verdadera tragedia. La velaron al lado de la casa de Borges, donde vivían los suegros de Luis, sobre la calle Maipú. Yo acompañé ese día al señor lo dejé en el velatorio y después lo fui a buscar. En esa época todavía vivía doña Leonor. Un día la señora Norah se acostó al lado de su madre en la cama y se puso a llorar. Cuando ella se fue la señora Leonor me dijo: 'Norah estaba llorando, algo está pasando en la familia, algo ocurre'. Yo por supuesto no le dije absolutamente nada. Doña Leonor se murió sin saber lo que había ocurrido. La nena era hermosa, pelirroja, tenía solo cinco años".

Borges sintió el impacto de esa muerte sorpresiva e inesperada y descargó la ira que el dolor provoca en un poema que más tarde incluyó en La rosa profunda. En el poema "En memoria de Angélica" queda plasmaba la incomprensión de esa muerte diminuta, como él la refiere, frente a la posibilidad de tantas vidas por vivir: "¡Cuántas posibles vidas se habrán ido/ en esta pobre y diminuta muerte/ Cuántas posibles vidas que la suerte/ Daría a la memoria o al olvido! Cuando yo muera morirá un pasado/ Con esta flor un porvenir ha muerto".

Si bien este hecho sacudió a todos, la que más se vio afectada fue Norah y según recuerda Fanny, esto fue como un antes y un después. "Nunca la señora Norah volvió a ser la misma. Es que realmente es imposible recuperarse de un golpe tan duro. Además la señora Norah tenía una sensibilidad especial, parecía muy vulnerable frente a estas cosas y creo que lo era."

Este hecho es referido por María Esther Vazquez en su libro, *Borges Esplendor y derrota*[1]. "A fines de abril de 1979, la tragedia que había empezado en la casa de Luis de Torre –el sobrino mayor de Borges– con la muerte de Angélica, no había terminado. Inés, la mujer de Luis, había perdido otras dos criaturas y estaba muy deprimida. Entonces, por consejo del médico, decidieron mudarse; sentí-

[1] María Esther Vázquez (1999): *Borges Esplendor y derrota*, Barcelona, Tusquets, p. 303.

an que en ese lugar ya no eran felices ni la suerte los acompañaba. Para señar la nueva casa en la que iban a vivir, Luis libró un cheque sobre la cuenta conjunta que tenían el escritor, su madre, cuando vivía, Norah y sus dos hijos: Luis y Miguel. El cheque tenía una fecha adelantada y, como ha sucedido a menudo, quienes lo recibieron no respetaron el día señalado sino que lo depositaron enseguida. Veinticuatro horas después, llamaron a Borges del Banco Galicia para avisarle que había librado un cheque sin fondos. La suma era importante, sin ser tampoco excesiva. Desconcertado al principio y enceguecido de furia después, Borges increpó a toda la familia, pero temiendo que Luis fuera a la cárcel, desesperado, llamó a Carlos Frías, quien atendía sus asuntos en la editorial Emecé, y le pidió un adelanto sobre sus derechos de autor. Frías le aseguró a Borges que antes de tres días (el Banco les había acordado ese plazo) tendría el dinero en la cuenta. Pero cuando fueron a hacer el depósito, se les avisó que ya había sido hecho; Luis había sacado el dinero de donde pudo".

Fanny recuerda con claridad otros pormenores del hecho. "A los dos o tres días del episodio del Banco vinieron a casa Norah y la mujer de Miguel. El señor Borges estaba con María Esther Vázquez y Norah le pidió que quería hablar con él, dejando traslucir que prefería que fuera a solas. El señor que todavía seguía muy enojado le dijo: 'Acá no hay secretos, si quieren hablar pueden hacerlo, digan todo lo que quieran'. La señora Norah se quedó muy mal y no se atrevió a abrir la boca. María Esther intervino y le dijo al señor: 'No, Borges, yo me voy, así ustedes se quedan y pueden conversar tranquilos'. Pero el señor Borges volvió a decir que no, que si querían hablar que hablaran y dijeran todo lo que quisieran que allí no había secretos. Cuando el señor se enojaba se ponía muy terco y costaba mucho hacerlo cambiar de opinión."

A partir de ese momento muchos amigos de Borges intercedieron para que se arreglara con su hermana. No había en verdad ninguna razón para que no lo hiciera.

"Yo sufrí mucho por esa situación ya que me parecía una gran injusticia. Además me daba cuenta que el señor no hablaba por sí, sino que se dejaba arrastrar por otras opiniones. Así comenzaron las cosas, y poco a poco se fue distanciando de todos sus amigos, siempre sin existir razón. El señor Adolfito y su esposa Silvina Ocampo trataban de convencerlo y al final reanudó su relación con Norah, pero con los sobrinos nunca más se volvieron a ver.

"Muchas otras personas intercedieron, tratando de acercarlos, Roberto Alifano, María Esther Vázquez, Alicia Jurado. Pero había una persona que intentaba separarlos y le decía al señor: 'Si los perdona, le van a volver a robar'."

Salvo por ese episodio, la relación de Borges con sus sobrinos fue siempre cordial, y por supuesto ellos sentían una gran admiración hacia el tío. Después de su enojo mantuvieron siempre una distancia apropiada sin interferir absolutamente para nada en su voluntad.

"Cuando el señor Borges se fue a Ginebra, nadie sabía, desde luego, que no iba a volver más. Al cabo de algún tiempo el hecho de que no volviera, seguido de un silencio desusado, motivó que Miguel lo llamara por teléfono para ponerse a su disposición e instarlo a que si quería volver y alguna razón lo impedía él podía ir a buscarlo. En la conversación le dijo: 'Tío, te voy a buscar para que vuelvas conmigo a la Argentina'. El señor reaccionó muy mal y se enojó mucho, seguramente instigado por alguien que no quería que volviera con los suyos."

"Yo tengo un gran reconocimiento por Luis y por Miguel. Después de la muerte de doña Leonor yo había empezado mis trámites jubilatorios, pero siempre por una causa o por otra se demoraba en salir. Un día el señor Borges llamó a Luis y le dijo que había que ocuparse de terminar la jubilación para Fanny. El sobrino le dijo que se quedara tranquilo, que él se encargaría del tema. El señor puso la plata que faltaba y al poco tiempo pude empezar a cobrar mi jubilación. Un día fui a averiguar si ya estaba el trámite listo y me dijeron que me iban a llevar el carnet a la casa."

Fanny sonríe: "Y efectivamente al poco tiempo vino un empleado a traerlo. Me confesó haber venido personalmente para conocerlo al señor Borges, pero lamentablemente no pudo ser. Ese día el señor estaba de viaje."

No hace falta que le pregunta el porque de la sonrisa. En sus últimos años junto al señor Borges era habitual que desconocidos o casi tocaran el timbre para conocer al gran escritor. O que lo detuvieran en la calle, para decirle unas palabras o acompañarlo unas cuadras. Como ella misma contará en otro de nuestros encuentros.

VIII

LOS PASEOS DEL SEÑOR BORGES

"Las calles de Buenos Aires
ya son mi entraña.
No las ávidas calles,
incómodas de turba y ajetreo,
sino las calles desganadas del barrio,
casi invisibles de habituales,
enternecidas de penumbra y de ocaso..."
J. L. Borges, "Las calles", *Fervor de Buenos Aires,*
Buenos Aires, 1923

Después de haber recibido en 1961 el premio Formentor, otorgado por un grupo de editores europeos –premio que compartió con Samuel Beckett, quien más tarde recibiría el Nobel de literatura–, la presencia de Borges en los medios de comunicación se hizo constante. Primero en los medios gráficos, diarios y revistas, que daban cuenta de las actividades que desarrollaba Borges tanto en el país como en el exterior, y más tarde con el auge de la televisión su figura cobraría una notoriedad y popularidad que el propio Borges no se explicaba. Esa fama lo hizo acreedor de un sin fin de situaciones que provocaban sus salidas a la calle y sus paseos por la ciudad.

"Salir a la calle con el señor Borges, ya sea para ir a hacer algún trámite o para dar un paseo, siempre era una fiesta. Solíamos salir por las tardes a caminar por la calle Florida, hasta Tucumán, donde había una confitería en la que el señor acostumbraba a tomar un café, después seguíamos por Florida unas cuadras y volvíamos más tarde para Maipú, pero el paseo que a él más le gustaba era cruzarse a la librería La Ciudad. Había razones muy especiales que más adelante voy a explicar.

"Era imposible caminar algunos pasos sin que alguien le hiciera algún comentario, lo parara para preguntarle algo o simplemente para saludarlo. En una ocasión, noté que un joven que venía caminando de frente se sorprendió al verlo. Vi su cara de asombro y sorpresa y en seguida se le dibujó una sonrisa placentera en su rostro de felicidad. Durante todo el trayecto que hicimos ese día él nos siguió de cerca pero en ningún momento hizo ningún comentario, sólo lo miraba extasiado como si estuviera por tocar el cielo con las manos. Al llegar a Maipú, y cuando nos disponíamos a entrar en el departamento, el joven se me acercó y me preguntó si esa caminata era habitual y si era siempre a la misma hora. Le dije que sí, que el señor solía salir a caminar por las tardes, después de dormir la siesta. Ese joven volvió a acompañarnos, muchas veces, en las breves pero intensas caminatas que hacía el señor, se paraba cuando nos parábamos, se sonreía por los comentarios que el señor Borges despertaba en la gente, o disfrutaba de las respuestas que daba a las muchas preguntas que le hacían. Jamás le dirigió la palabra al señor ni atinó a pedirle nada. Fue un compañero silencioso y amable."

Las amenazas

"Un día la señora Leonor y el señor Borges llegaron a la casa muy exaltados. Ella lo había ido a buscar a la Biblioteca Nacional –por ese entonces su hijo era Director– que quedaba en la calle México. Sucedió que al salir y cuando apenas habían caminado pocos metros una manifestación que pasaba por el lugar empezó a increpar al señor Borges y a hostilizarlo. Doña Leonor trató de disuadir a los manifestantes que cada vez se enardecían más y amenazaban con pasar de las palabras a los hechos. El señor Borges, lejos de sentir temor ante semejante situación, comenzó a defenderse con el bastón, moviéndolo de un lado a otro, lo que hizo retroceder a los manifestantes. Luego la señora logró disuadirlos, explicándoles que se trataba de un hombre viejo y ciego. El señor Borges era un hombre valiente y su madre también.

"En otra ocasión la llamaron por teléfono en forma reiterada para amenazarlos de muerte. Doña Leonor no sentía temor por ello y mantenía fuertes entredichos con quienes llamaban. Muy suelta de cuerpo escuché decirles a estos interlocutores: 'Si me quieren matar apúrense, soy una mujer vieja y me puedo morir en cualquier momento. En cuanto a mi hijo es un hombre ciego que sale todos los días a la misma hora para ir a la Biblioteca Nacional en México y Perú'."

Otras estampas de la vida diaria

"Yo, aunque no quisiera, me enteraba de todo cuanto sucedía. En primer lugar porque el departamento era chico y era imposible hablar sin ser escuchado de cualquier otro lugar de la casa. Y en segundo término porque ellos me participaban de las cosas que conversaban. A veces yo pasaba de un lado a otro de la casa y doña Leonor me decía: 'Qué te parece, Fanny, lo que le ofrecieron a Georgie. Ser embajador en los Estados Unidos'. O si no, 'Susana Bombal te dejó saludos y esas botellas de vino que hay que guardar en la cocina'. Y siempre así, en la intimidad tenía un modo más campechano, una manera distinta de ser, sólo que cuando había visitas era mucho más formal. El señor también me hacía comentarios de cosas que le ocurrían y me preguntaba por las personas que venían a visitarlo.

"Un día íbamos para el Departamento Central de Policía para que el señor renovara el pasaporte. Cuando estábamos por llegar me dijo un poco sobresaltado que se había olvidado los dientes postizos. Bueno, señor, le contesté, cuando le saquen la foto no abra la boca, póngase serio. En eso actuaba como un chico, esas complicidades lo divertían. En el momento que le tomaron la foto me miró fijamente y estaba serio, muy serio, pero en sus ojos se notaba que todo era una picardía. Al salir me dijo: 'Bueno Fanny, creo que los he engañado, nadie se ha dado cuenta de nada'.

"Pero en otra oportunidad el engañado fue él. En general cuando viajábamos en taxi, al llegar me daba la billetera para que yo tomara el dinero para pagar. Pero un día iba solo y el taxista aparentemente fingió que el auto no funcionaba y tuvo que cambiar para tomar otro taxi. El señor sacó la billetera y se la entregó al taxista para que sacara el dinero, y el taxista se quedó con todo lo que tenía. Al llegar contó lo sucedido y una vecina del quinto piso lo retó, en buenos términos, para que no hiciera eso nunca más. Estas pequeñas cosas lo afectaban más que otras que podían parecer mucho más importantes."

Sabato en el taxi

"En los últimos años los viajes en taxi eran la fuente de un montón de situaciones risueñas y anécdotas que al señor lo divertían mucho. Al volver a casa, a veces muerto de risa, nos contaba lo que le había pasado. Era frecuente que lo reconocieran y al llegar a destino se negaban a cobrarle el viaje y algunos, los menos, le hacían referencia a sus libros y a los personajes que él había creado. En más de una ocasión, el taxista reconocía que estaba llevando a una persona famosa, pero no lograba identificarlo del todo, o si bien sabían que se trataba de Borges, no sabían bien a qué se dedicaba. El señor evadía las precisiones a las preguntas que le formulaban y guardaba como en secreto su identidad. Quizá el hecho que más gracia le causó fue con un taxista, que inmediatamente de haber subido lo reconoció y lo empezó a llenar de elogios, incluso referidos a su literatura. Al llegar al sitio requerido por el señor, el taxista seguía elogiándolo hasta que se despidió de la siguiente manera: 'Esta noche cuando llegue a mi casa, no me van a creer que tuve de pasajero a Ernesto Sabato'.

"Algunas veces, el interlocutor que lo paraba por la calle, era un personaje pesado que lo cargoseaba demasiado. Al principio el señor lo atendía e intentaba seguir caminando con una sonrisa, dando muestras de que la conversación había terminado. Pero si la insistencia era molesta se enojaba y dejaba al personaje en cuestión parado en la calle, hablando solo.

"Esto se reiteraba en el departamento de Maipú con algunos visitantes que por alguna razón no se iban y el señor quería que se fueran. El método que usaba era gracioso, salvo desde luego, para el afectado. Se ponía de pie, se acercaba, lo tomaba del brazo y lentamente y siguiendo con la conversación lo llevaba hasta la puerta. Ahí lo despedía y le agradecía la visita. Esto le ocurrió varias veces a un escritor cordobés que solía visitar al señor y que se llamaba Alfredo Brandán Caraffa."

Las descripciones de Fanny

"Había una costumbre casi cotidiana en mi relación con el señor Borges. Cada vez que alguien lo visitaba, después que se habían ido, me preguntaba cómo eran esas personas. En una ocasión vinieron a verlo unas mujeres, que tenian una entrevista con él. Se sentaron a su alrededor y le hicieron un sin fin de preguntas. El señor se divirtió mucho con ellas y estaba muy alegre. Cuando ellas se fueron vino la pregunta de rigor: 'Fanny, cómo eran estas mujeres que me vinieron a ver'. Bueno, le contesté, eran negritas, tenían la piel de color negro. La cara del señor se fue transformando de a poco y se enojó mucho conmigo, por no haberle avisado, antes de que entraran, que las alegres chicas que lo habían entretenido durante casi toda la tarde eran de piel negra. Eran actitudes extrañas, casi incomprensibles para mí."

Menotti

"En otra oportunidad el visitante fue César Luis Menotti, quien entonces era el técnico de la Selección Argentina de Fútbol. Llamó por teléfono y pidió una entrevista. Le comenté al señor Borges y él sin preguntarme quién era me pidió el teléfono y le dijo: 'Mire, no le puedo prometer nada porque por un problema de edad yo me puedo morir este fin de semana y quedaría muy mal con usted y con su revista. Mejor llame la semana que viene pero más temprano. Hágalo entre las ocho y las ocho y treinta'. A la semana siguiente cuando volvió a llamar me dijo: 'Sí, sí, que venga mañana a las cinco de la tarde'."

La nota había sido ideada por la revista *VSD* y el periodista encargado de llevar adelante la tarea era Juan Carlos Mena. El 24 de agosto de 1978, en plena ebullición de pasión futbolística por el reciente triunfo del Campeonato Mundial de Fútbol, y precisamente el día que Borges cumplía setenta y nueve años, a las cinco menos cinco de la tarde se hicieron presentes: un fotógrafo, el citado periodista y el hombre más popular del momento, César Luis Menotti. Borges apareció en el living de su casa a la cinco en punto de la tarde y se mostró muy amigable y predispuesto para el diálogo.

Lo primero que Menotti le preguntó estaba referido a unas declaraciones suyas en las que decía que el fútbol era un deporte de imbéciles. Borges no se amilanó y le respondió que no había dicho precisamente eso, sólo que consideraba "que era un juego demasiado frívolo. Me suena rarísimo escuchar de la gente frases como: 'Hemos vencido a Holanda'. No hemos tomado Rótterdam ni Ámsterdam, ni ninguna cosa patrimonio de ellos. Simplemente, once jugadores, de los cuales uno fue traído expresamente de España, le ganaron a otros once. Entonces pienso: ¿Qué importancia puede tener eso? Ya Aristóteles decía que era una metáfora decir que Grecia había vencido a Persia. Lo correcto era que un ejército griego había vencido a uno de Persia y punto".

El diálogo persistió como en una reunión de sordos. Borges hacía referencias a personajes literarios no dejando de mencionar a Schopenhauer, Lugones, Cervantes, Capdevila, Mastronardi, Mujica Láinez, etc. y Menotti se empeñaba en referirse al deporte más popular de la Argentina. Sin embargo, Borges aprovechó la ocasión para manifestar que en una ocasión concurrió a la cancha y pudo observar medio partido de fútbol. "Una vez fuimos con Amorín a ver un enfrentamiento de selecciones. Jugaban Argentina y Uruguay y yo sentía íntimamente que él –que era uruguayo– deseaba que gane nuestra selección y a mí me pasaba a la inversa. Tal vez por la amistad y el respeto por el amigo que ambos profesábamos." Al terminar el primer tiempo, y sin sospechar siquiera que el juego continuaba, los dos amigos decidieron retirarse del estadio habiéndose dados por satisfechos con lo visto.

Cuando el tema derivó por insistencia del visitante hacia la poesía popular e hizo expresa referencia a Homero Manzi, Borges tampoco recogió el guante y recién al final de la charla, que se extendió por algo más de dos horas, pareció anoticiarse de que su interlocutor era un ex jugador de fútbol y el actual técnico de la selección argentina.

"La opinión del señor Borges con relación al fútbol la conocía todo el mundo. Siempre decía: 'Los que juegan al fútbol parecen estúpidos, todos corren detrás de una pelota. Sería mucho mejor darle una a cada uno'. Cuando terminó la entrevista, y Menotti se fue, me preguntó quién era ese señor. Le expliqué que era el director técnico de fútbol más famoso de la Argentina. En seguida se enojó: '¡Fanny, como no me dijo quien era!'. Pero inmediatamente se empezó a reír con mucha picardía porque se acordaba de las cosas que había dicho en la conversación.

"Todavía recuerdo a Menotti sentado en el sillón del living, al lado del señor, con los brazos cruzados detrás de su cabeza y al gato Beppo caminando entre ellos."

IX

"FANNY, ESTOY ENAMORADO"

"En el alba dudosa tuve un sueño.
Sé que en el sueño había muchas puertas.
Lo demás lo he perdido. La vigilia
ha dejado caer esta mañana
esa fábula íntima, que ahora
no es menos inasible que la sombra..."
J. L. Borges, "Al olvidar un sueño", *La Cifra,* Madrid, 1981

Borges a comienzos de la
década de 1950.

Borges con Haydee Lange, en 1939.

Borges con Elsa Astete Millán frente a "La casa de las brujas", en la ciudad de Salem, en 1968.

EL DIVORCIO DE BORGES

CANDIDATO ARGENTINO AL PREMIO NOBEL NO FUE CAPAZ DE SOPORTAR A SU ESPOSA

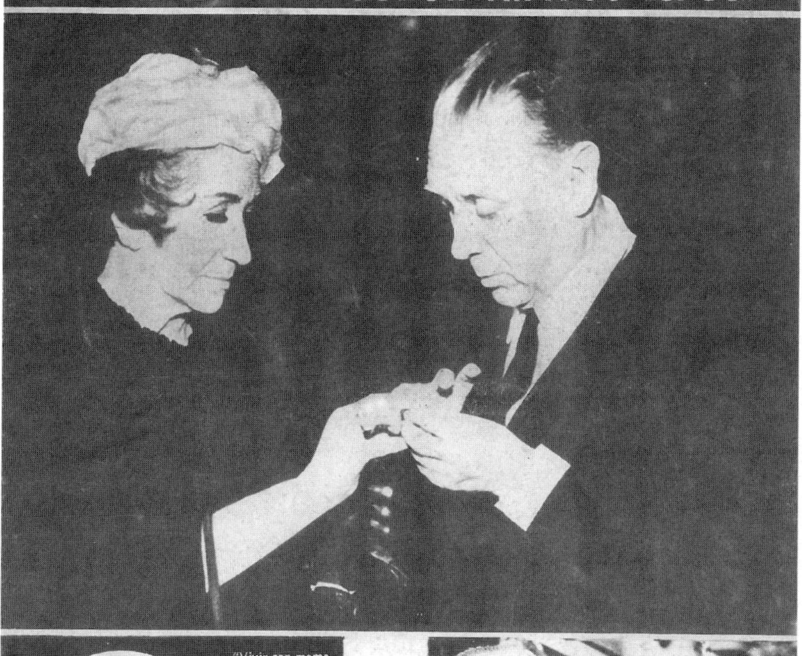

AÑO XVI Nº 743
1º DE SETIEMBRE DE 1970
$ 0,70 EN TODO EL PAIS
$ 70.— MONEDA NACIONAL
En Paraguay 40 Gs. (Vía Aérea)
En Uruguay 40 Pe[illegible]ro

"Vivir con mama otra vez" puede cantar ahora Jorge Luis Borges (der.), cultivador del tango en sus ocios filológicos. Después de tres años de matrimonio, contraído con Elsa Astete Millán (arr.), a los 68 de edad, vuelve a vivir con su anciana madre (94 años), tras separarse por "incomunicación" de su ex novia juvenil. (Págs. 4, 5, 6 y 7.)

Tapa de la revista *Así* del 1 de setiembre de 1970.

Doña Leonor Acevedo de Borges, en el balcón del departamento de la calle Maipú, pocos meses antes de su muerte.

Viviana Aguilar, en la Plaza San Martín, en noviembre de 1981.

Fanny con Beppo, en el departamento de la calle
Maipú, a mediados de la década de 1970.

Borges con Fanny en el departamento de la calle Maipú, a comienzos de la década de 1980.

Fanny, delante de la biblioteca que alberga la Enciclopedia Espasa Calpe, en el departamento de Maipú, en 1981.

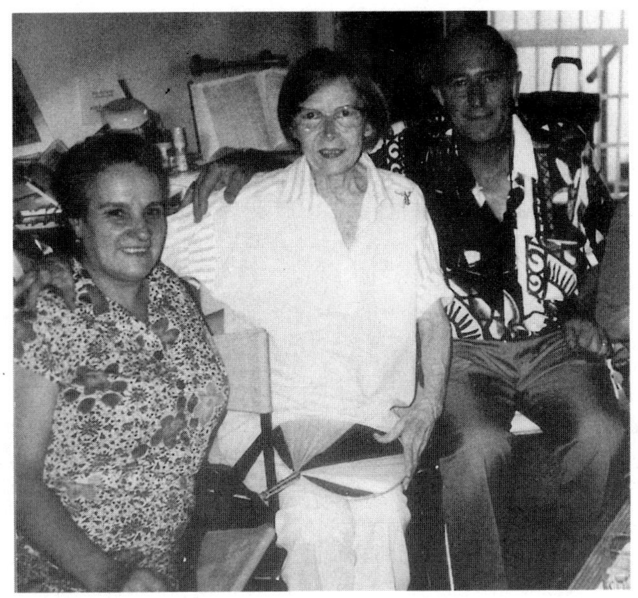

Ulrike Von Kullmann (la segunda de la izquierda), con unos amigos el día que cumplió 82 años. En España, agosto de 1992.

Entrada del departamento de la calle Maipú 994.

Féretro de Leonor Acevedo de Borges en el cementerio de la Recoleta.

¿Puede un hombre de ochenta años estar perdidamente enamorado? ¿Puede un hombre que transita razonablemente el ocaso de su vida ser presa de una pasión que le hace desnudar frente a los demás sus más ocultos estados de ánimo? A preguntas de este tenor formuladas en las incontables entrevistas que concedió en los últimos diez años de su vida, Borges respondió invariablemente que sí.

Definido por su amigo Adolfo Bioy Casares como un hombre "enamoradizo", con tendencia a sucumbir ante las redes amorosas de la belleza femenina, Borges sintió la persistente atracción del amor desde su más temprana edad. En los lejanos días de Ginebra, en las noches prostibularias de la España de las vanguardias y en la Buenos Aires del reencuentro tras los años de ausencia. Si bien muchos de esos amores no fueron correspondidos, ello no amilanó ni su capacidad de amar, ni su sentimiento de dolor frente al deseo frustrado, que lo llevó a escribir con un marcado tono lírico "me duele una mujer en todo el cuerpo".

A comienzos de los años ochenta, en la segunda madurez de su vida, el rostro invisible de una mujer, su voz cálida, su presencia atinada, despertó una vez más el sentimiento amoroso del escritor.

"Él concurría todas las tardes a la librería La Ciudad, que estaba en la Galería del Este", recuerda Fanny, "cruzando apenas en diagonal desde el edificio de la calle Maipú. Era una de sus salidas predilectas, y un día supe porqué: allí trabajaba una hermosa muchacha que entabló una entrañable amistad con el señor Borges."

En la librería también se daban cita quienes conocían la costumbre del escritor, y se le acercaban para conversar o pedirle que firmara algún libro. Su amigo Bioy Casares solía sumarse a la tertulia y los dueños de la librería le prodigaban un cariño que Borges acogía. Algunas veces se hacía una hilera y Borges y Bioy firmaban decenas de ejemplares y bromeaban. "Te imaginás, Adolfito, con todos los libros que hemos firmado, lo que va a valer un libro nuestro sin la firma."

Fanny lo acompañaba, lo cruzaba y muchas veces, cuando tenía que esperarlo, conversaba en guaraní con Luis Alfonso, el dueño de la librería, de origen correntino al igual que ella. "El dueño de la librería La Ciudad era una persona muy generosa que el señor Borges apreciaba mucho. Ahí conoció a Viviana Aguilar. Cada vez que iba le regalaban libros y el dueño de casa decía: 'Este es un obsequio de la librería La Ciudad'. Esa forma de despersonalizar el regalo era conmovedora para el señor Borges. Un día antes de que Luis Alfonso muriera –se suicidó arrojándose desde un séptimo piso– fuimos a la librería con el señor y yo como siempre me puse a hablar en guaraní con él. Pero ese día se creó un clima muy especial, o quizá así lo sentimos cuando nos enteramos al día siguiente de la infausta noticia."

La presencia de Viviana Aguilar en la librería, era sin duda el motivo principal por el cual Borges se había convertido en un asiduo concurrente. "Cuando uno conoce bien a una persona se da cuenta de sus actitudes hasta en los pequeños detalles y más aún si esa persona intenta disimular sus actos. En ese sentido el señor Borges era un hombre muy transparente. Por las tardes se ponía un poco ansioso cuando llegaba la hora de cruzar a la librería, la cara se le iluminaba."

La relación se fue afianzando con el correr del tiempo y la amistad se prolongó más allá de las paredes con estantes, comenzaron las comunicaciones telefónicas y más tarde las salidas a tomar el té o a dar un paseo por la ciudad.

Fanny recuerda con emoción el proceder de su patrón en

esos días: "Si bien en muchas ocasiones atendía el teléfono, no era una persona de hablar mucho, sólo lo necesario. A veces para arreglar el día y la hora de alguna entrevista, otras veces para preguntar por la salud de alguien o para responder a consultas que le formulaban, para lo cual siempre estaba bien dispuesto".

Sin embargo, y como siempre, hay una excepción a ese comportamiento. "Durante la época en que estuvo muy enamorado de Viviana Aguilar, la llamaba por teléfono todas las mañanas; eran como dos novios que hablaban y hablaban sin tener noción del tiempo. Ella ya trabajaba en un banco que estaba en la calle Viamonte y él se las arreglaba para encontrarla. También a veces la que llamaba era ella."

Esa costumbre de preguntarle a Fanny cómo era la persona que lo había visitado, costumbre convertida en rito, incluyó, desde luego a Viviana Aguilar. Le gustaba saber detalles e inquiría sobre distintas cuestiones. Y Fanny se las ingeniaba para describirla.

"Yo por supuesto decía lo que a mí me parecía, que no siempre coincidía con la opinión de otros. Hablaba por mi propio gusto. Pero en este caso todo el mundo coincidía que era una mujer muy especial, alta y hermosa. Cuando el señor publicó uno de sus últimos libros, decidió dedicarle un poema a Viviana Aguilar. ¡Para qué!, María se enojó muchísimo. Le hizo un escándalo al señor, pero él no le llevaba el apunte."

Lo que en principio era una mera relación de simpatías se fue modificando con el correr del tiempo. Borges empezó a sentir la atracción que le provocaba la joven y ya no tuvo recelos en expresarlo. Los distintos visitantes del departamento de la calle Maipú se fueron enterando de que el dueño de casa estaba enamorado y esto se veía reflejado claramente en su estado de ánimo, en sus ojos que no podían ver pero sí transmitir que una luz interior lo reflejaba y así lo dijo: "Fanny estoy enamorado, estoy enamorado".

A ella misma se le iluminan los ojos cuando recuerda esos

momentos: "Estaba muy contento, silbaba y cantaba y ya no le importaba ser demostrativo de ese sentimiento que lo alegraba. Hasta ese momento había sido bastante reservado, pero ahora parecía no querer ocultar lo que ocurría. Era muy lindo verlo tan feliz. Casi siempre al mediodía salían a almorzar, a veces caminaban juntos y otras iban a tomar el té. Ella era una mujer hermosa. No sé si fue correspondido, pero a Viviana también se la veía bien acompañando al señor Borges. Por momentos parecían dos chicos a los que les habían comprado un juguete nuevo".

Para Viviana Aguilar también la relación fue una "clase de amor muy importante" aunque interpretaba que el sentimiento que Borges le profesaba estaba vinculado a factores represivos de neto corte psicológico. Sostenía que Borges necesitaba mujeres "fuertes, autoritarias y envolventes", ya que él creía que el amor "era un infierno, por cuanto al entregarse al otro uno se pierde en él, escapando a su propio control".[2]

Salvo durante los viajes, Viviana Aguilar se convirtió en una inseparable compañera de Borges, quien anhelaba constantemente su presencia. "En una ocasión el señor Borges tenía que dar una conferencia, y lo acompañó Viviana. Al salir, un fotógrafo los retrató para una revista. Estaban hermosos, parecían novios. Pero en otra oportunidad que fue con ella, al llegar al lugar el señor Borges se descompuso y no pudo dar la conferencia. Esa tarde se había puesto nervioso porque tuvo una discusión telefónica con otra mujer y estoy segura de que eso lo afectó."

Había, sin embargo, un destino cierto que frenaría el avance de la relación. Una vez más ese destino en la vida de Borges vería frustrar sus esperanzas de concretar el amor, un amor sin ataduras y razonablemente correspondido. Aunque también es cierto que tampoco había de parte de Viviana Aguilar un de-

[2] Juan Gasparini (2000): *Borges: La posesión póstuma*, Madrid, Foca, p. 25.

seo de ocupar ese lugar, que según la interpretación ya citada respondía a la necesidad de Borges de un comportamiento "fuerte, autoritario y envolvente".

El desenlace se produjo cuando Borges intentó que Viviana ocupara el lugar que hasta ese momento estaba reservado para otra persona. Podían salir a caminar por Buenos Aires, cenar, ir juntos a una conferencia, compartir distintos momentos en la librería La Ciudad o bien en el living del departamento de Maipú. Pero los viajes al exterior eran patrimonio exclusivo de María Kodama. Es difícil conjeturar acerca de si Borges pudo haber previsto que esa intentona podía derivar en un rompimiento definitivo de su relación con su ex alumna, pero así se lo hizo saber ella cuando se enteró de sus intenciones.

"La relación entre Viviana Aguilar y el señor Borges se terminó de manera abrupta. Lo habían invitado para ir a dar unas conferencias a Colombia y él decidió que lo acompañara Viviana. Cuando ya tenían los pasajes y faltaban pocos días para irse, María se enteró y le hizo una escena de celos. Le dijo que se oponía a que se fuera a Colombia con otra persona, y que si persistía en esa actitud ella se iba para siempre. A pesar de ello y de haber suspendido el viaje, naturalmente, el señor siguió hablando por teléfono y viéndose con Viviana, aunque más esporádicamente."

Kodama había marcado el límite. Cuando en 1981 Borges publicó el libro *La cifra*, incluyó en la primera edición el poema "Al olvidar un sueño" dedicado a Viviana Aguilar. En ese sueño que se refleja en el poema "(...) había muchas puertas./ Lo demás lo he perdido.'/(...) Si supiera qué ha sido de aquel sueño / que he soñado, o que sueño haber soñado, / sabría todas las cosas". Seguramente Borges no pudo o no quiso saber en la vigilia de aquel día el destino de ese sueño, y la puerta que eligió ya estaba abierta. Sus concepciones filosóficas, su incredulidad en el libre albedrío se evidencian en su afirmación: "...la puerta nos elige".

"El desenlace fue una tragedia para Borges, tal vez su única oportunidad de abandonar a Kodama por otra mujer. Vaciándole su corazón por teléfono, Borges le comunicó [a Viviana Aguilar] que su proyectado viaje juntos a Bogotá, donde debía estar presente en un ágape cultural invitado por Germán Arciniegas, se suspendía. 'Soy un pobre infeliz atado a mi destino', dijo y colgó."[3]

"Viviana era muy joven, muy educada y tenía muchas atenciones conmigo. Siempre me traía algún regalo que por pequeño que fuera, era una manera de demostrarme su cariño. Yo sabía que de sus visitas no había que hablar con nadie. Cuando ella se casó me mandó una participación y la invitación para que yo fuera a su casamiento, pero lamentablemente no pude ir. Un día antes de irse definitivamente de la Argentina el señor Borges telefoneó a Viviana para despedirse."

La prueba de que la relación se mantuvo es esa llamada, una escena que con singular pericia Juan Gasparini reconstruye en su libro:

"Era de esperar que hablara de ello cuando, exactamente en la mañana de las vísperas de su partida, telefoneó a Viviana Aguilar para anunciarle que se iba a Japón, previa escala en Ginebra 'porque María quería ir allá y que, bueno... era un lugar con gente muy agradable'. 'Como de sus viajes le gustaba volver' Aguilar quiso tranquilizarse: '¿Vas a volver?', preguntó, 'Tal vez, no', respondió él. '¿Por qué tan lejos?', inquirió ella. Era el 27 de noviembre de 1985 y Borges rehuyó el viaje como tema de conversación. Repuso que era un proyecto y que la llamaría al día siguiente para desayunar o almorzar juntos".

Ese deseo, igual que otros manifestados en esos últimos días en Buenos Aires, jamás se materializó.

Fanny mantiene intacto el recuerdo de Viviana Aguilar y en

[3] Ibíd. p. 51.

esto quizá haya secretamente una sensación de que con ella todo hubiera sido distinto. "Era alta, hermosa, muy educada...", dice nostálgicamente, con una nostalgia grave.

X

"ESA PIEL AMARILLA SE VA A QUEDAR CON TODO"

"¡Cuántas vidas de mujeres,
vidas poco conocidas por otra
parte... se han dividido así en
grandes contrastes, el último
empleado por completo en
reconquistar lo que en el
primero había sido arrojado
al viento despreocupadamente!"

Marcel Proust, *En busca del tiempo perdido,* Madrid, 1968

"–¿Cuándo empezaste a
enamorarte de Borges?
–No sé cómo explicarte...
no sé si puedo hablar de estar
enamorada. Porque
compartíamos el amor
que mi padre me había
inculcado por la ética, y
lógicamente ningún chico en
Buenos Aires tiene pasión por
la ética."

María Kodama, *La Nación,* 16 de noviembre de 1986

Un tema insoslayable en las largas charlas con Fanny es María Kodama, su relación con todo el entorno de Borges y los misterios que rodearon los últimos meses de su vida. Algunos dichos diseminan luz sobre puntos oscuros, pero otras incógnitas siguen sin encontrar respuestas. ¿Por qué Jorge Luis Borges a los ochenta y seis años de edad, sabiéndose acorralado por una enfermedad terminal decidió cambiar los hechos vitales de su vida? En pocos meses cambió sus médicos de cabecera, modificó su testamento, mutó de albaceas testamentarios, decidió trasladarse a vivir en otra ciudad en otro país, olvidó a sus amigos de toda la vida y a sus parientes, sobre todo a su hermana por quien sentía un cariño entrañable, cambió su estado civil, echó sin miramientos de ninguna naturaleza a quien fuera su ama de llaves por más de treinta y cinco años, revocó su decisión de ser cremado, cambió de abogado y finalmente optó por la incomprensible alternativa de que sus restos reposaran en Suiza, cuando sus escritos y dichos de siempre decían lo contrario.

Si bien Fanny siempre se apura en asegurar que no le guarda rencor a María Kodama, en seguida, como contrapartida sagaz sopesa los hechos pasados con la palpable realidad. "Fíjese cómo está ella y cómo estoy yo. Yo no tengo ni un centavo pero vivo bien gracias a la ayuda de mis amigos o mejor dicho gracias a la ayuda de los amigos de Borges. Duermo sin sobresaltos mis ocho horas nocturnas y a veces me doy el gusto de una siestita. Mi casa, aunque humilde, siempre está llena de gente, mi hija, mi nieto, mis bisnietos, vecinos, amigos, en fin un sinnúmero de gente que viene a visitarme. ¿Y ella cómo está? Llena de plata, pero corriendo de abogado en abogado y haciéndole juicio a todo el mundo. Hasta me han contado que incluso algunas personas que estuvieron a su lado en algún momento, ahora se han distanciado y por supuesto con peleas, litigios, acusaciones y todas esas cosas que poco le hubieran gustado al señor Borges."

María Kodama Schweizer ha transitado sus ya sesenta y siete años de vida amparada en la ambivalente figura del enigma, proclive a cubrir con mantos de sospecha las verdaderas intenciones de sus actos. Pocos o muy pocos se han ocupado de su vida y sólo han encontrado más dudas y muchas contradicciones entre los dichos de Kodama y la verdad de los documentos o testimonios que se han recogido en el tiempo.

Any Ventura en *Las que mandan. El poder de las mujeres en la Argentina menemista*, publicado en 1996, la sitúa en un incómodo capítulo, compartiendo rango con María Estela Martínez de Perón, subtitulado "Las usurpadoras". Sólo esto bastaría para intuir el concepto que la periodista tiene sobre su biografiada, pero la descripción que realiza en la casi veintena de páginas que le destina es mucho más elocuente: "(...) No ganó su lugar de la mano de Venus sino de la de Marte, batallando contra otras mujeres por un espacio y un dinero que no tuvo en su juventud. Primero esperó a que muriera Leonor Acevedo, la madre de Borges; luego desplazó a su hermana Norah; más tarde a Fanny, la mucama que lo acompañó toda su vida; por último se peleó con María Esther Vázquez, amiga del escritor y autora de *Borges, esplendor y derrota* (1996). Con su muerte, Borges accedió a su verdadera dimensión, la de la eternidad, y permitió que Kodama llegara a otra, más terrenal y también más deseada".

Si bien Ventura no se explaya en describir la larga lista de enconos, con nombre y apellido, que llevaron a Kodama a su permanente situación de incomodidad, advierte e intenta demostrar que sus dichos y sus actos están plagados de contradicciones, desde su verdadera edad, coquetería incomprensible en quien acepta que la llamen la viuda de Borges, hasta la fecha cierta a partir de la cual entabló relación con el escritor viejo y ciego. Fanny no ha leído ese libro, ni otros. Su verdad la lleva enraizada como privilegiado testigo de más de tres décadas junto a los Borges.

"Mire, Alejandro, a mí las cosas no me las ha contado nadie, yo he sido testigo de todas las cosas que ocurrieron en esa casa durante mucho tiempo, además jamás me he dejado llevar ni me he prestado a las habladurías. Es más, hay cosas que no las voy a revelar nunca, porque forman parte de una intimidad que yo no tengo derecho a violar."

Otro libro que se ocupa parcialmente de Kodama es *Borges: la posesión póstuma*, del periodista argentino radicado en Ginebra, Juan Gasparini, a quien ya hemos citado. Este documentado trabajo, acompañado de una cuidada prosa, describe los pormenores sucesorios y todos los atisbos que circunscribieron la vida del genial escritor en sus largos meses de agonía en la ciudad de Ginebra. Gasparini describe a Kodama en pocas líneas al comienzo del libro: "María Kodama alienta un personaje de engañosa fragilidad. Algo etérea, a la defensiva, con un aire de dignidad herida, destila un halo de ausencia. Su rostro oriental de pómulos altos, labios finos y ojos alargados y acuosos muestra algunas pecas".

Fanny no difiere mucho de esa descripción: "La primera vez que la vi me sorprendió lo flaquita que era, tenía unos brazos muy delgados y una mirada que parecía llegar más allá de lo que proyectaban sus ojos". Desde luego, su estilo es otro.

Gasparini aclara en principio la duda y el enigma de su edad, tema este ya despejado por María Esther Vázquez en...*Esplendor y derrota*, y publica la copia de su partida de nacimiento que sin dudas la registra nacida el 10 de marzo de 1937.

"Poco importa su edad –dice Fanny–, el verdadero valor de las personas se mide por sus actos y no por los años que han vivido."

¿Entonces por qué la necesidad de falsear los hechos? Quizá la primera respuesta a esta pregunta esté dada por el otro enigma que plantea Kodama, cuando un periodista le pregunta cómo se relacionó con Borges, ella contesta: "En mi infancia. Lo conocí a los doce años. Cuando tenía unos quince o dieciséis años empecé a estudiar con él anglosajón".

Según sus dichos debió conocer a Borges en 1949 y empezó a estudiar con él en 1952 o 1953. Si por relacionarse, o conocerse, entendemos un acto recíproco, de conocimiento mutuo, no hay ningún tipo de registro ni testimonio que haya dado cuenta de la existencia de Kodama rondando la vida de Borges a fines de los años cuarenta y principios de los cincuenta. A decir verdad, los testimonios de quienes sí convivieron con nuestro escritor en esos tiempos, recuerdan haber visto por primera vez a esa alumna delgada de origen japonés bien entrados los años sesenta, aunque por supuesto nadie puede dar una fecha precisa. ¿Quién sino ella podría recordar la fecha exacta de cuando lo conoció o empezó a estudiar con él? ¿Cuál es la necesidad de retrotraer a fechas lejanas e imprecisas el nacimiento de esa relación?

"Yo no recuerdo cuándo empezó a venir al departamento de Maipú, pero sí recuerdo que lo hacía con un grupo de jóvenes que eran estudiantes. Y también recuerdo una conversación que tuvo con la señora", agrega Fanny.

"Un día María se quedó después que se fueron todos y se puso a charlar con doña Leonor. La madre del señor Borges se daba cuenta de todo cuanto acontecía a su alrededor, no necesitaba que nadie le dijera ni le advirtiera nada. Entonces le preguntó: '¿Usted está enamorada de Georgie?'. Kodama, tal vez un poco sorprendida por la pregunta, le contestó que no, que ella estaba enamorada de la literatura de Borges pero no del hombre. Cuando María se fue doña Leonor dijo en voz alta, pero como hablando para sí misma: 'Esa piel amarilla se va a quedar con todo'."

Kodama se ha distanciado de todos o de casi todos los amigos de Borges. Y por diversas razones ha entablado conflictos legales con muchos de ellos y con quienes públicamente han dado opiniones contrarias a ella. Un nuevo y reciente revés judicial no parece ser un obstáculo para querellar a cuanta persona difiere en su forma de ver o interpretar los hechos. El 29 de septiembre de 2003, la sala VII de la Cámara Nacional Criminal y Correccional desestimó, con marcada dureza, una acción entablada contra Epifanía Uveda por los supuestos delitos de "calumnias e injurias". La resolución establece la inexistencia de delito: "Debe desestimarse la causa incoada por los delitos de calumnias e injurias –artículos 109 y 110 del Código Penal– por inexistencia de delito toda vez que, en las expresiones vertidas por la acusada en distintos medios no se menciona a la ofendida por su *nomen iuris*, ni se proporcionan elementos constitutivos del mismo, y sólo expresan la desaprobación de la influencia o consejo que pudiera la querellante haber ejercido sobre una persona como causal del desplazamiento de la denunciada en su sucesión, lo que no implica una descalificación moral de aquélla".

La actitud permanente de querellar a quienes disienten parece ser una estrategia tendiente a acallar a quienes opinan de otra manera. Solamente a título ilustrativo podemos mencionar que Kodama ha participado de acciones legales por diversas razones o entredichos públicos con Norah Borges de De Torre, Miguel de Torre Borges, Luis de Torre Borges, María Esther Vázquez, Osvaldo Ferrari, Roberto Alifano, revista *Proa*, Orlando Barone, Silvina Ocampo, Adolfo Bioy Casares, Sara Kriner de Haines, Alejandro Vaccaro, Juan Gasparini, Antonio Carrizo, Norman Thomas di Giovanni, Jean Pierre Bernés, Solange Fernández Ordóñez de Sanguinetti, Beatriz Sarlo y muchos otros que sería tedioso enumerar.

A Epifanía Uveda de Robledo, Fanny, le inició dos acciones legales. Una por rendición de cuentas y la otra por restitución de bienes muebles. Respecto de la primera demanda, Gasparini apunta: "(...) fue por la rendición de cuentas de la utilización de un equivalente a quinientos dólares que la empleada utilizaba como gastos 'menudos'" (*Página/12*, 22 de marzo de 1988).

El otro juicio sería para obtener la restitución de objetos que Fanny retiró de la casa de Borges cuando el apoderado Vidaurre la despidió de su puesto de ama de llaves. Se trataría de una cocina, cacerolas, plancha de bifes, una pileta, papel higiénico, plancha eléctrica y reloj de pared. El abogado Vidaurre declaró en un programa de radio que Fanny se había llevado esos utensilios que no le pertenecían, lo que implicaría la imputación de un delito. Quien durante décadas sirvió a los Borges en forma inobjetable, ya que no mereció reparos de nadie, ni de ninguna naturaleza, que fue definida por el propio Borges en el mes de noviembre de 1985, pocos días antes de partir definitivamente, como su "fiel servidora", se transformaba ahora, sin motivo ni razón, en una aprovechadora que ante la ausencia del "señor" se había apropiado de lo que no le correspondía. Fanny se defiende:

"En los primeros años yo veía que él guardaba el dinero entre los libros. Después, con el paso del tiempo, cuando su vista se fue deteriorando, me pedía a mí que lo hiciera. Él a mí me tenía mucha confianza, una confianza absoluta. Aunque en general era una persona muy confiada: nunca le escuché decir nada de nadie ni hablar mal de ninguna persona, incluso era una persona muy comprensiva con los demás, muy indulgente.

"Yo sabía muy bien lo que se guardaba en esa casa, estuve por más de treinta años conviviendo en ese sitio, todos los días, conocía absolutamente todo, lo que le gustaba y lo que le fastidiaba, nadie salvo su madre lo conoció como yo. Cuando vino el doctor Vidaurre para sacarme de la casa me dijo: 'Dice Borges que entre los libros hay plata'. Y yo le contesté que no, que el señor no pudo haber dicho eso. Si él se estaba muriendo... eso lo tuvo que haber dicho otra persona que tiene interés por el dinero, pero no el señor. A él jamás le interesaron las cosas materiales y mucho menos el dinero, sentía desprecio por el dinero. Y le dije al doctor Vidaurre: sí, hay monedas de oro, que están en tal y tal lugar, en aquel libro hay dólares, en este otro también y así le fui indicando lugar por lugar donde yo sabía que había dinero... yo sabía todo, pero jamás, jamás toqué un centavo.

"Por eso yo me siento bien, me siento feliz. Yo no sólo guardaba el dinero que él me daba, sino que me ocupaba de que nadie se lo llevara. Porque a veces me daba un poco de miedo cuando venía gente a la casa, eran personas que el señor no conocía, periodistas, fotógrafos, no sé, venían muchas personas, todos los días y a mí me parecía que podían abrir un libro... y ahí entre los libros estaba la plata."

Resulta curioso analizar los últimos hechos acaecidos alrededor de Borges en los meses previos a su partida hacia el invierno europeo, del cual ya no regresaría, y los acontecimientos que se sucedieron hasta su muerte.

"En el último tiempo observé que a veces María lo venía a buscar al señor por las tardes y lo llevaba a algún lado, que por supuesto yo desconocía. Un día el señor me contó que estaba yendo a un médico, un japonés, y que era muy grandote. A mí me costaba creerlo y siempre le decía: pero cómo va a ser grandote si es japonés.

"Y me contaba que lo ponían boca arriba, después boca abajo y el médico se le subía arriba, por los costados, no sé como se llama esa técnica. Pero el señor venía con dolores de estómago, también le dolía la espalda, y yo le aconsejé que viera al doctor Florín que era un buen médico y además una buena persona. Hubo que llevarlo para que le hicieran una radiografía y el doctor Florín le dijo: 'Nunca más haga eso, no deje que le hagan eso'.

"No sé, pero era raro. Otra vez cuando volvió de ese médico japonés tenía detrás de las piernas una ventosas, y estaba con las piernas quemadas. María no quería que lo viera el doctor Florín, sino el médico que le había puesto ella."

A menos de una semana de partir, el 22 de noviembre de

1985, Borges modificó definitivamente su testamento –el anterior era de 1979[4]– "instituyendo como heredera universal de todos sus bienes, dinero, fondos depositados en Bancos del país o del exterior, títulos y valores, derechos de autor, muebles, libros, objetos de arte, manuscritos, premios, medallas, condecoraciones y demás que resulten de su propiedad a su buena amiga María Kodama".

Con respecto al testamento anterior se producen dos modificaciones importantes que sólo benefician a Kodama. En primer lugar, se excluye la cláusula por la cual se le legaba a Epifanía Úveda la mitad del dinero en efectivo y el depositado en cuentas del país o del exterior. Y en segundo término, se cambian los albaceas testamentarios remplazando a los doctores César Amaro Pourciel y Carlos Fernández Ordóñez, por el abogado de Kodama, Osvaldo Vidaurre, y Ernesto Clemente Pedro Annecou a quien Gasparini presenta como "...un profesor probablemente de origen vasco, para algunos inescrutable. Repentinamente, este Annecou se declaró 'amigo' de veinte años del escritor sin que 'ninguna' vez haya estado en su casa, salvo para echar a Fanny a la calle...".

Otro hecho teñido de misterio, que ahora Fanny devela, es el destino de la autorización que Borges le hiciera a su amiga Sara Kriner de Haines para cremar sus restos una vez producido su deceso. El texto expresaba: "Por la presente yo, Jorge Luis Borges, C.I. 662.621, de la Policía Federal, autorizo a Sara Kriner de Haines a efectuar todos los trámites necesarios para que a mi muerte se proceda a la incineración de mi cuerpo. Este acto de disposición lo hago en pleno uso de mis facultades mentales y con carácter de irrevocable, hoy 2 de septiembre de 1982, en presencia de mi fiel servidora Fanny, Epifanía Uveda, C.I. 4.437.067".

[4] Como ya se dijo, hubo un primer testamento de 1970 en el cual Borges nombraba como heredera universal de sus bienes a su hermana Norah y a sus sobrinos, Luis y Miguel de Torre.

Fanny explica lo sucedido. "Del tema de la cremación participó Sara Haines, ya que el señor se lo había pedido. Un día fuimos juntos, los tres, hasta una escribanía, me acuerdo porque ese día yo no me sentía muy bien y estuve a punto de no ir. Cuando volvimos de hacer el trámite Sara le dio al señor el documento que habían firmado, y le pidió que lo guardara en un lugar seguro. En ese pedido estaba implícito que alguien se podía oponer. En un momento el señor me dijo: 'De esto no le vamos a contar nada a María'. Sin embargo unos días después cuando ella vino, el señor le contó lo que habían firmado y ella se puso furiosa. Cuando se ponía nerviosa o algo le caía mal se le notaba en seguida en la cara. Tuvieron una discusión y ella preguntaba dónde estaba la autorización, dónde estaba.

"Él siempre decía que quería estar en la Recoleta, repetía: 'Mis uñas y mis dientes se van a quedar ahí'. En realidad, no... Bueno, las uñas pueden ser, pero los dientes no porque eran postizos."

El reclamo planteado con posterioridad ante los tribunales suizos para cumplir con el mandato otorgado por Borges no prosperó por dos razones: nunca se pudo presentar el documento original sino una fotocopia, y además por la oposición de quien figura como su cónyuge en el certificado de defunción, la señorita María Kodama. Resultan sí paradójicos los dichos del apoderado de Kodama cuando al referirse al documento en cuestión, expresa: "(...) y hay otras cosas extrañas en ese documento: por ejemplo, tiene faltas de ortografía. Dice 'icinerar' donde debiera decir 'incinerar'. ¿Usted cree que Borges podía tener faltas ortográficas?" (*Clarín*, 24 de septiembre de 1988). Demás está decir que no, pero debe aclararse que Borges a la fecha de expedición del documento se encontraba ciego e impedido de escribir y leer, por lo tanto mal podría haber advertido dicho error. En esa vaga línea argumental se podría plantear, con relación al último testamento de Borges expedido el 22 de noviembre de 1985, como "cosa extraña" la omisión de la cláusula octava, cuando sí posee séptima y novena. ¿O acaso Borges no sabía contar?

El 28 de noviembre de 1985, seis días después de testar en favor de Kodama, Borges se fue de su casa de Buenos Aires para siempre. Tras una breve estadía en Milán, donde dio una serie de conferencias –reunidas en el libro *Una Vita di Poesía* (Spirale Edizioni, Milán, 1986)– recaló en Ginebra donde moriría el 14 de junio del siguiente año.

Todas las opiniones consultadas al respecto, muchas de ellas contenidas en el libro de Gasparini, desaconsejaron a Borges realizar ese viaje. Los doctores Alejo Florín, hasta entonces su médico de cabecera, y Guillermo Masnatta, desde el punto de vista profesional, y todos sus amigos y allegados opinaron que no era conveniente que un hombre de ochenta y seis años, debilitado por una enfermedad terminal, se trasladara a la soledad del invierno europeo, sin motivos ni razón alguna. ¿Dónde mejor que en su casa, rodeado de sus afectos, de sus viejos amigos, podía estar un hombre en sus condiciones? ¿Dónde mejor que rodeado de sus libros?

Fanny vivió la tensión de esos días y los recuerda con mucho dolor: "De una sola cosa estoy segura: el señor Borges no se quería ir, sólo que no tenía las fuerzas suficientes para oponerse a quien se lo llevaba. Me decía con la voz entrecortada: 'Fanny no me quiero ir, yo no me quiero ir'. La tarde anterior fue a la inauguración de una muestra de sus libros que se hizo en la librería de Alberto Casares. Por la mañana se levantó como siempre y estuvo trabajando con Alifano, como hacían todas las mañanas. Al mediodía vino su hermana Norah y fueron a comer al Hotel Dorá. Cuando volvió estaba muy mal, se aproximaba el momento del viaje y eso lo llenó de angustia. Cuando vino María a buscarlo, tuvieron una discusión y finalmente se fueron.

"Se acercó para despedirse de mí y le dije: pero cómo se va a ir señor, si los médicos le aconsejaron que no viajara. Me miró y en la misma mirada estaba la respuesta. Bajó la vista con resignación, como aceptando ese destino y me dijo: 'Hasta pronto Fanny', y se fue.

"Al día siguiente vino la señora Alicia Jurado, que venía siempre a trabajar con el señor Borges, ella lo quería mucho. Lo que ha llorado, pobre señora. Cuando vino y se encontró con la noticia de que el señor se había ido me dijo: 'Ahora no lo vamos a ver más'. Le dije que así era, que ya no iba a volver. Porque estaba muy enfermo, en el momento que estaba listo para irse... no tenía ganas ni de levantarse del sillón, se sentía muy mal, y lloró, y me dijo: 'No quiero irme Fanny, no quiero irme de acá, porque si me voy, me voy a morir lejos'. Todo eso me quedó muy grabado. ¿Y qué podía hacer yo? Después pensé: ¿y si le saco la valija y la meto adentro y llamo a la policía? Pero bueno, al final se fue. Él no se quería ir y buscaba tal vez alguna mano que lo retuviera y yo no pude hacerlo."

Al llegar a Ginebra Borges y Kodama se instalaron en el Hotel l'Arbaléte en habitaciones contiguas. Poco se sabe de cómo vivió Borges esos días salvo por los testimonios de quienes frecuentaron su morada, en general por razones de índole literaria, tal es el caso del profesor Jean Pierre Bernés a quien la editorial Gallimard le había encargado la coordinación de las *Obras Completas* para ser editadas en la prestigiosa colección La Pleyade, una suerte de premio Nobel que otorga la editorial francesa.

Sin embargo, Borges tuvo una nutrida actividad jurídica en razón del otorgamiento de poderes, disposición de sus bienes, su posterior casamiento y para lograr un pedido de residencia en la ciudad de Ginebra, que finalmente no se concretó. Asimismo el 6 de mayo de 1986, Borges emitió un comunicado a la prensa, aunque dirigido en particular a la agencia española EFE, en un estilo donde no se lo reconoce: "Les envío estas líneas para que las publiquen donde quieran. Lo hago para terminar de una vez por todas con el asedio de los periodistas y con las llamadas y las preguntas de las que estoy cansado", para remarcar luego: "Soy un hombre libre". ¿Tenía necesidad Borges de manifestarse un hombre libre? ¿O era simplemente un mensaje pensado por alguien que intentaba que Borges justificara sus últimos actos, algunos desconocidos para la prensa de entonces: el casamiento en Paraguay, el testamento del 22 de noviembre, el despido de Fanny, etc.?

Por otra parte, ¿cuál era el asedio a un hombre enfermo que no salía de la habitación de su hotel en Ginebra? El documento, escrito a máquina, lleva una firma ilegible de Jorge Luis Borges. Desde luego que las noticias que llegaban eran contradictorias y algunas sensacionalistas: se afirmaba que estaba grave, que había sido internado, y un sin fin de suposiciones, en su gran mayoría vinculadas a su estado de salud, pero Borges podía remediar todo eso con un solo llamado telefónico a sus amigos.

En el mes de marzo de 1986, Borges expidió un poder especial al Doctor Vidaurre, para que éste dispusiera de sus bienes. Una vez concretados los trámites de rigor, Vidaurre se apersonó en el departamento de Borges en la calle Maipú 994, 6° piso, departamento "B" para cumplir con su cometido. Ello ocurrió en la mañana del 22 de abril de 1986. La misión del apoderado era retirar todas las pertenencias de Borges y llevarlas a otro departamento, del mismo Borges, en la calle Rodríguez Peña 1228, piso 7°, y despedir a Fanny.

"Si yo hubiera sido otra persona habría sacado toda esa plata, me hubiera quedado con todo lo que había. Estuve muchos meses sola en el departamento, desde que el señor viajó a fines de noviembre hasta que me sacaron de allí pasaron cinco meses, mire si tuve tiempo de llevarme cosas, pero jamás toqué nada. Incluso cuando venían algunos amigos del señor para preguntar por él, yo no los hacía pasar al interior del departamento, aunque esas personas eran incapaces de tocar algo. Durante todo ese tiempo no tuvimos noticias de nada, no sabíamos nada de nada. Todo estaba envuelto en un misterio. Yo muchas veces me he preguntado ¿cómo voy a llevarme algo? Si en treinta y cinco años que estuve en esa casa jamás toqué lo que no fuera mío. Porque de la plata que había entre los libros los únicos que sabíamos realmente cuánto había éramos el señor y yo. Cuando se iba de viaje decía: '¿Y cómo me voy a llevar todo eso, Fanny?'. Si usted quiere yo le ayudo a sacar libro por libro toda la plata. Pero jamás dijo que se quería llevar algo, ni las medallas, ni las monedas, ni nada, jamás dijo eso."

Coherente con esos dichos Vidaurre reconoce la cualidad de desinteresado de Borges por las cosas materiales y se arroga la potestad de querer modificar esa postura. En una nota aparecida en el diario *La Nación*, el 15 de junio de 1986, se lee: "Vidaurre comentó que hablaba por teléfono con Borges casi diariamente, y que la última comunicación había sido hace tres días. Indicó que su voz estaba muy débil y que en los últimos días se levantaba poco de la cama, pero habló con lucidez respecto de los contratos para la edición de sus obras completas en los Estados Unidos. Vidaurre afirma que 'antes no discutía, era muy desinteresado, pero yo le había insistido en que meditara bien las cláusulas contractuales'".

"En los últimos tiempos –refiere Fanny– yo me acuerdo que él llegaba de viaje con las valijas llenas de cosas. María lo acompañaba hasta la puerta del departamento y después se iba. Entonces yo tenía que abrir las valijas y acomodar todo. En una oportunidad el señor me dice: "Fanny ahí en la valija hay algunas cosas que me regalaron". Yo revisé y no había nada. Nada. Y le dije, señor, acá no hay nada. 'Caramba', dijo Borges, 'se las llevó María entonces'. Yo a veces pienso y cualquiera se puede dar cuenta, si yo hubiera sacado plata no hubiera pasado lo que pasé y no viviría gracias a la ayuda de los buenos amigos del señor Borges. Ella ha dicho muchas veces que yo me llevé cinco bolsas llenas de cosas y eso no es cierto. Cuando me echaron de la casa tuve que guardar las pocas cosas que eran mías en bolsas porque ni valija tenía, pero jamás me llevé nada de lo que no era mío. Había un cuadro, que era una foto del señor Borges, apoyado en un muro, como acariciando la nieve, que estaba en el cuarto de doña Leonor. Era una foto muy linda, que a mí me encantaba y la señora Leonor me había dicho que cuando ella se muriera me la podía quedar. Es el único recuerdo que tengo, que me sigue acompañando y que por supuesto no tiene ningún valor material, verdaderamente estoy muy tranquila."

Lo que Fanny no dice, pero asiente con una sonrisa cuando alguien lo menciona, es que ese cuadro fue el eje de la acción judicial que le inició Kodama por restitución de bienes muebles. El juez ordenó el secuestro del mismo y varios años después volvió a manos de su verdadera dueña: Fanny.

"La mañana que llegó el doctor Vidaurre, como ya le dije, le indiqué dónde estaba cada cosa y en seguida me encerraron en la cocina, así que a partir de ese momento no tuve más acceso al departamento. Sólo podía ir a mi habitación y estar en la cocina. Quería humillarme, desconfiaba de todo lo que yo le decía y me hacía preguntas con doble intención. No podía entender ese señor, aun detentando un título, que yo era una persona humilde pero honesta. El tiempo me dio la razón."

El entonces mandatario de Borges también ocupó el lugar de vocero, y manifestó públicamente las razones por las cuales el eminente escritor había decidido prescindir de los servicios de Uveda de Robledo: "Vidaurre afirmó que Borges estaba muy disconforme con sus servicios desde hacía mucho tiempo, ya que habíamos advertido que hasta seguía desde su teléfono las conversaciones que Borges mantenía con sus amigos". También "se llevó la pileta de lavar la ropa y un pedazo de caño de gas". Luego, indicó que el departamento daba grandes muestras de abandono, "empezando por el piso, que no conocía la cera desde la muerte de la madre de Borges y en los últimos tiempos la comida también era mala y eso llevó a Borges a mantener una mesa en el hotel Dorá". El martes 13 de mayo se difundió la noticia del casamiento de Borges con María Kodama. La doctora Haydée Matiniana Antonini citó en su estudio a diversos medios periodísticos para dar a conocer la noticia. "El 26 de abril de 1986, a las 10 de la mañana, en el registro civil de Colonia Rojas Silva, Asunción del Paraguay, quedó consagrado el casamiento del hijo de Jorge Guillermo Borges y Leonor Acevedo con la hija de Yosaburo Kodama y María Antonia Schweizer. Ambos contrayentes son argentinos; él nació el 24 de agosto de 1899 y figura como divorciado, de profesión escritor. Ella es una profesora de literatura, de 41 años, y por esta imaginablemente sencilla y emotiva ceremonia abandonó su soltería", decía el diario *Clarín* en su edición del 14 de mayo, en una nota firmada por Carlos Ulanovsky.

La noticia tuvo una fuerte repercusión mediática y causó asombro y sorpresa entre sus amigos y allegados. Todos, casi sin excepción, se enteraron de la noticia por los diarios y muchos se hicieron preguntas sin respuesta. Fanny resume: "Yo me enteré del casamiento del señor Borges con María por una vecina que lo había escuchado en la radio. Estaba todavía muy afectada por lo que había vivido unos días antes, cuando me echaron de la casa, pero no me sorprendió, todo estaba preparado de antemano. Todavía me acuerdo que muchos amigos del señor que me llamaron por teléfono se reían, les parecía que era una broma".

Para María Esther Vázquez, Borges jamás se enteró de ese casamiento, sentimiento que comparten el sobrino de Borges, Miguel de Torre, y Sara Kriner de Haines. Sin embargo Jean Pierre Bernés certifica lo contrario asegurando que Borges estaba feliz de haber contraído matrimonio con Kodama. Fanny, que de este tema ha hablado poco, se expresa más por gestos que brotan de su cuerpo, alguna cara interrogante, un leve movimiento de los hombros, una mirada de incredulidad, pero finalmente intenta dejar en claro que si fue su voluntad ella respeta la decisión, su única duda nace de ese principio: "Si él lo aceptó, está bien".

El sábado 14 de junio de 1986, ya pasado el mediodía en la Argentina, se difundió la noticia de la muerte de Borges, acaecida en la ciudad suiza de Ginebra, a las 8.15 de la mañana. Si bien su muerte no fue sorpresiva, la noticia ocupó la atención de todos los medios de comunicación, gráficos, radiales y televisivos.

Nuevamente sus seres queridos se enteraron, esta vez de la infausta noticia, por los diarios. Las muestras de dolor y pesar llegaron de todas partes del mundo y se recabaron opiniones de las más prestigiosas figuras internacionales quienes se refirieron con elogios unánimes al escritor desaparecido. Osvaldo Vidaurre salió a los medios a ratificar que la heredera universal de los bienes de Borges era su clienta María Kodama. En la edición del martes 17 de junio de ese año 86, el diario *Clarín* recoge opiniones de Vidaurre, ante el respetuoso silencio de sus familiares, mientras el cuerpo de Borges permanecía en la capilla "De los Reyes" en el cementerio de Plainpalais a la espera de ser enterrado: "...el testamento fue elaborado siguiendo todas las formalidades legales, ante escribano y con testigos, por lo que la posibilidad de que ello ocurra está casi denegada", respondió ante una pregunta que le aseguraba que el testamento sería impugnado. "(...) Existe un testamento en el cual declara a su esposa, María Kodama, como única heredera universal de sus bienes, y hace algunos legados a su familia, detallando que algunas colecciones de libros se las ha dejado a sus sobrinos y otros bienes a su hermana. Por ahora no han contestado nada, pues me informaron que desean esperar unos días tras la muerte de su familiar", agregó el letrado.

Finalmente también informa de las intenciones de su clienta en cuanto a llegar a un arreglo con los familiares de Borges, dando la sensación de que todo estaba hablado con anticipación a los hechos: Dice Vidaurre: "María Kodama me manifestó que se podría llegar a un arreglo, pero aclaró especialmente que hay dos cosas que no quisiera perder, porque eran muy queridas por Borges. Una es un *petit* mueble con tapa de mármol y la otra una batea oval que habían utilizado sus abuelos".

La última sorpresa, de esta madeja de situaciones que envolvieron los últimos meses de la vida del más importante escritor argentino, fue la noticia de que iba a ser enterrado en Ginebra. En un principio todo el mundo esperó la repatriación de sus restos para ser depositados en la bóveda familiar del cementerio de la Recoleta, tal como había sido su voluntad tantas veces manifestada en sus textos y antes amigos y parientes. En una carta de esos días la hermana de Borges manifiesta su estupor tanto por la noticia de la muerte de su hermano como por la decisión de ser enterrado en Ginebra: "Me he enterado por los diarios que mi hermano ha muerto en Ginebra, lejos de nosotros y de muchos amigos, de una enfermedad terrible que no sabíamos que tuviera. Me extraña mucho que su última voluntad fuera ser enterrado ahí, siempre quiso estar con los antepasados y con muestra madre en la Recoleta" (*La Razón*, 19 de junio de 1986). En realidad Norah Borges no hacía otra cosa que reflejar la sorpresa que tal decisión había causado en muchos amigos de Borges, teniendo en cuenta el profundo amor que éste sentía por su madre.

El miércoles 19 de junio, lejos de su familia, de sus amigos de toda la vida, lejos de la casa que lo cobijó por más de cuatro décadas, era sepultado Borges. Sara Gallardo describe ese momento solemne: "El cuerpo de Borges entró en la catedral de Ginebra mientras el tañido grave de las campanas sacudía el aire. En el sitial de madera tallada, las iniciales JHS en medio de un sol, el pastor y el sacerdote católico esperaban de pie. Resultó solemne y tierna la ceremonia ecuménica, surgida de una conversación, en la cual María Borges y Héctor Bianciotti sopesaron el catolicismo de la madre, el metodismo de la abuela, el antidogmatismo de Borges (...) El pastor Montmoulin leyó un salmo: 'Que todos crean en el Eterno', un trozo del Génesis: 'Dios dijo: Hágase la luz y la luz se hizo', y el comienzo del Evangelio de San Juan: 'En el principio era el Verbo', en francés y en español. El verbo y la Luz, despedida cabal para un poeta ciego. Leyó después una parábola de Borges. Aparecieron el emperador amarillo, sus jardines, los espejos de metal, las avenidas rectilíneas, la sala hexagonal con la clepsidra y el poeta que con una palabra se adueñó de todo" (*La Nación*, 19 de junio de 1986).

Los recuerdos se entrecruzan en la mente de Fanny. "La primera vez que la vi a María me pareció muy, pero muy flaquita. Usaba siempre polleras largas o pantalones porque tenía también las piernas muy delgadas. A veces el señor me preguntaba ¿cómo es María?, y yo le contaba. Parecía muy frágil pero no lo era, tenía mucho carácter y a veces se enojaba. Había una señora muy bonita, una escritora que también tuvo problemas con María. Esa señora era una mujer joven y muy, pero muy bonita... tenía un hijo varón, creo. Venía todas las tardes a trabajar con el señor, después iban a comer y a la noche la venían a buscar. Yo no sé en realidad que fue lo que pasó entre ellas, pero en algún momento hubo un entredicho y las cosas terminaron mal y ella nunca más vino.

Todas las personas que visitaban al señor Borges terminaron mal con María y esto no es por que lo diga yo, usted puede hablar con todas esas personas y preguntarles por qué dejaron de venir o cómo hacían algunos que me llamaban para saber si María estaba, para poder venir a verlo cuando ella no estaba. En realidad, María venía muy poco, los jueves a la tarde a tomar el té, yo le compraba unas galletitas de lengua de gato que a ella le gustaban y los domingos que salían a almorzar.

Mire, yo no soy una persona que haya estudiado, no fui a la escuela y no tengo más educación que la que me ha dado la vida, pero hay personas que se dan la corte de que saben de todo y terminan siempre haciendo conventillo. Una vez esa señora que ahora no quiero nombrar me llamó y me dijo: 'Voy a ir, Fanny, el día que esté María y le voy a dar una paliza para que nunca más pueda hablar ni decir cosas de mí que no son ciertas'. Yo le dije: no, no haga eso, porque eso no está bien. Por suerte después se arrepintió y nunca vino a buscarla. María siempre intentó alejar a todas las personas que estaban cerca del señor Borges."

Muchas preguntas quedan flotando en la atmósfera al recordar los últimos meses de la vida de Borges. En una nota en el diario *La Nación* del 15 de junio de 1986, el día siguiente de la muerte de Borges, el doctor Vidaurre al referirse a su enfermedad terminal declaró: "Sólo lo sabíamos el médico, María Kodama, Borges y yo", en una clara demostración de lo cerrado que era ese círculo que lo rodeaba. "El abogado, que desde hace tres años es apoderado de Borges, señaló que a las 6.15 de ayer se enteró del fallecimiento por una llamada telefónica de María Kodama, quien sollozando le dijo: 'Estoy muy nerviosa. Estoy muy sola', pero no parecía transmitir dolor."

Más adelante el abogado Vidaurre se refiere al casamiento de Borges y Kodama, estimando el mismo "...como un gesto caballeresco, coherente con su educación. Quería evitar cualquier tipo de rumores, pero ese gesto no agrega ni quita nada a su relación con María, fue siempre espiritual, de compenetración literaria", contradiciendo a su propia clienta quien siempre ha intentado fundamentar la base de la relación en el amor.

El 2 de mayo de 1990, Epifanía Uveda de Robledo hizo llegar a todos los medios de comunicación una carta implorando ayuda para paliar la difícil situación económica en la que se encontraba en virtud de los ataques de Kodama:

"Como se sabe, he sido servidora fiel del señor Jorge Luis Borges. Me empleé en la casa en la época en que vivía su señora madre. Después de la muerte del señor he seguido trabajando, ahora con una señora mayor, ya que no tengo otros medios de subsistencia. Mi sobrenombre, Fanny, me lo puso la señora Leonor; era el nombre de su suegra y también el de su hija, la señora Norah.

"Administré la casa durante años: cobrando sueldos del señor, jubilaciones, inversiones y también pagando cuentas, impuestos, gastos de mantenimiento del departamento, de comida, hasta me ocupé de la operación de Beppo, el gato. Bajo mi custodia estuvieron todos los valores de la casa, incluyendo las joyas de la señora y tuve por años la única llave de la caja donde se guardaban las 160 condecoraciones del señor y que eran de oro, plata, marfil y platino. También me autorizó el señor a cobrar sus derechos en las editoriales Losada y Kapelusz.

"Todo esto hasta mayo de 1986 cuando fui echada de la casa. Nunca ni el señor ni su madre me pidieron que rindiera cuentas de nada; me tenían una completa confianza. Desde 1975, año de la muerte de la señora Leonor, hasta 1986, en que murió el señor, no percibí sueldo alguno, yo no necesitaba nada, me bastaba cuidar con la devoción de siempre, al señor ya anciano, ciego y muy enfermo, tal como le prometí a la señora Leonor en su lecho de muerte.

"En mayo de 1986 el apoderado de María Kodama me pidió comprobantes y boletas, se las entregué, después me echaron y finalmente se me pidió que justificara los gastos. Por supuesto, no conservaba ningún tipo de comprobantes y quedaron 1590 australes sin justificar. María Kodama me llevó a juicio, total que esa suma se ha convertido con inflación e indexaciones en 5.200.000 australes, eso sin contar las costas del juicio. Debo pagarlos y no los tengo, por eso pido a los amigos del señor que me han conocido ayuda económica. Devolveré con el tiempo esos préstamos, Dios me dará salud y fuerzas para salir adelante y poder cumplir con ellos.

"He abierto una libreta de caja de ahorro en la sucursal de Maipú 531 de esta capital del Banco Sudameris. El número es 294.811. Gracias. Epifanía Uveda de Robledo, (Fanny) Maipú 994, séptimo piso. Capital Federal."

Entristecida por estos recuerdos, Fanny afirma: "Pocos lo conocían como yo, pocos sabían de sus gustos y de sus necesidades. Fui su mucama, su enfermera, su ayudante, en fin, no sé qué otra palabra puede graficar los muchos años que le dediqué a él y a su madre".

Y luego agrega: "Pobre lo que debe haber sufrido estando allá lejos, solo, sin alguien que supiera de sus gustos, de sus cosas. Desde que él murió lo he soñado una sola noche y tengo un recuerdo muy vívido. Lo veo sentado en su sillón con el gato Beppo y le digo: señor ¿vio lo que me hicieron? Me dejaron en la calle, sin nada... ni siquiera mis plantas me dejaron. Me tuvieron encerrada en la cocina. Porque realmente lo que más me duele son mis plantas. Y él desde el sillón me mira y me dice: 'No Fanny, no se haga problemas, vuelva a la casa que ahí están sus plantas esperándola'. Otras veces me parece que lo veo caminando por el living, yendo a sentarse en su sillón, haciendo un gesto de sorpresa cuando tocaban el portero eléctrico y alguien venía a visitarlo".

XI

LA AMISTAD

"Misteriosamente yo he sido
querido por mis amigos,
inexplicablemente querido
injustamente querido."
Borges el memorioso.
Conversaciones de J. L. Borges con Antonio Carrizo, Buenos Aires, 1982

Creo que es la pasión argentina
esencial. Además, tiene
grandes ventajas. Por ejemplo,
el amor exige continuos milagros,
exige reciprocidad.
Si uno deja de ver a una persona
por unos días se puede llegar
a sentir muy desdichado. En cambio,
la amistad puede prescindir de la
frecuentación.
Clarín Revista, 5 de marzo de 1970

Una de las muchas virtudes que acuñó Borges a lo largo de su extensa vida fue la relación con sus amigos. Desde Roberto Godel, a quien conoció en su paso por la escuela primaria, de la calle Thames 2321, en 1909 y despidió telefónicamente pocos días antes de su muerte, atesorando una amistad de casi ochenta años; hasta Adolfo Bioy Casares con quien entabló relación en 1931, en casa de Victoria Ocampo y también la mantuvo inalterable hasta sus últimos días, pasaron muchas otras personas que gozaron y disfrutaron de la amistad que la bonhomía de Borges proponía.

En los últimos años, el prestigio y la fama lo hicieron una presa apetecible de los cazadores de autógrafos y de aquéllos que atraídos por el ejercicio de la admiración y la divinidad pugnaban por una fotografía o una charla inmortalizada con un grabador de por medio. Así nacieron decenas de libros de "Conversaciones con Borges" que audaces interlocutores reprodujeron sin pasar tan siquiera una vez por su departamento de la calle Maipú. Pero Borges era un hombre demasiado generoso para negarse a una entrevista, cualquiera fuera su interlocutor, así muchas personas pueden hoy dar testimonio de haber pasado por su casa y haber mantenido una charla con el autor de *El Aleph*. Pero esa multitud decantó con el paso del tiempo y hoy pueden distinguirse a sus verdaderos amigos o por lo menos a quienes le tributaron admiración, cariño, respeto y bregaron para que él tuviera un camino feliz.

Fanny asistió a diario, como nadie, al incesante paso de los visitantes que por diversos motivos acudían a una entrevista y a maravillarse con los dichos y opiniones del increíble Borges.

"Una de las personas que siempre venía a visitar al señor Borges, y que a él le agradaba, era el señor Carlos Frías de la editorial Emecé. Siempre estaba dispuesto a solucionarle cualquier problema que tuviera y siempre decía: 'Borges es el hombre más divertido que conozco'. Frías comenzó a tratar a Borges en los años cincuenta y fue su editor y su consejero. En 1979 aseguraba que *El Aleph* llevaba veinticinco ediciones con 248.000 ejemplares vendidos.

Una de las cosas que más sorprendía a Frías era la popularidad del escritor, que ya no podía salir a la calle sin que lo parara la gente para pedirle un autógrafo o para hacerle algún comentario. Recordaba también cuando lo acompañaba en algunos viajes: "En una oportunidad, cuando iba a dar una conferencia en la Universidad de Lincoln, paramos para almorzar cerca de Chacabuco. Los mozos lo reconocieron y mandaron un mensajero al pueblo para que fueran a entrevistarlo los periodistas del diario local. Y en la publicación quedó registrado como un acontecimiento el paso de Borges por el lugar".

La relación con Frías se inició cuando Borges y Bioy Casares dirigían la prestigiosa colección El Séptimo Círculo, de novelas policiales, y que abandonaron tras seleccionar los primeros ciento once títulos, tarea que después continuó Frías.

"Era una persona muy correcta –recuerda Fanny– y le encantaba contar anécdotas sobre Borges. Además tenía mucha paciencia, ya que el señor cuando estaba por publicar un libro lo llamaba infinidad de veces por teléfono para hacer alguna corrección o sugerir algún cambio de último momento. También lo visitaba en su departamento de la calle Carlos Pellegrini donde yo siempre lo acompañaba porque tenía miedo de las puertas del ascensor que se cerraban automáticamente."

Una de las anécdotas que le gustaba contar era una que lo tenía como protagonista junto a Borges. "En una ocasión íbamos juntos en un taxi y el chofer se dirigió a mí y me dijo: 'Qué parecidos son ustedes, ¿son hermanos?'. En realidad no nos parecíamos en nada, pero Borges dijo: '¡Qué bueno que me parezco a Frías!', y luego dirigiéndose al chofer le preguntó muy serio: '¿Quién de los dos se parece más al otro?'."

Otra visita frecuente en la casa de Borges desde fines de los años cuarenta era Félix Della Paolera. Recuerda Fanny que Borges se divertía mucho con él; solía venir los sábados y llevarlo para almorzar en algún restaurante de la zona. Así lo recuerda también el propio Della Paolera: "Conocí a Borges en Adrogué, en el verano de 1948. Desde entonces y hasta el 14 de noviembre de 1985 (la última vez que lo vi) nos reuníamos prácticamente todas las semanas, salvo en los siete años que pasé en Mendoza y por las interrupciones debidas a los viajes que uno u otro hacíamos. Los sábados, por lo general, almorzábamos en restaurantes muy próximos a su casa de la calle Maipú. Después volvíamos a su departamento donde yo le leía algún cuento en inglés. Los prolongados almuerzos eran propicios al humor; en esas charlas distendidas y animadas, el talento de Borges produjo muchas ocurrencias que, por lo brillantes e ingeniosas, resultan inolvidables".

"Mire, creo que yo tenía como un sexto sentido –dice Fanny– que en realidad no era otra cosa que un conocimiento del señor Borges que me permitía darme cuenta rápidamente cuando alguien le caía bien o mal. Muchos de los amigos del señor sentían verdadera admiración por él y muchas veces yo los veía como alelados, mirándolo y escuchándolo con suma atención."

Della Paolera no dejaba de recordar anécdotas vividas junto al gran escritor y las relataba con sumo entusiasmo, algunas en el marco de sus cotidianos almuerzos: "Una de esas veces, entre plato y plato, nos entretuvimos en memorizar versos deplorables que cada uno recordaba. Al cabo de varios ejemplos le cité este: 'Unos mágicos números y luego la delicia/ de una voz en la mano, como una flor cortada/ y esa voz al instante recoge la confiada/ tentación de la sombra y es secreto y caricia/ con máscaras obscuras. Embrujada malicia...'

"Borges comentó: 'Realmente, podríamos olvidarlo. ¿De quién es? De Larreta, le contesté. '¿Y qué título tienen esos versos?', replicó Borges. 'Telefonía', le dije. '¡Caramba! Podría haber llamado a Reparaciones'.

"En otra ocasión y también en la sobremesa de un almuerzo Borges me dijo: 'Grillo, ¿usted ha leído algo de Beatriz Guido?' No, le repliqué. '¿Y de Silvina Bullrich?' Tampoco, Borges. 'Bueno, yo también he tomado la misma precaución'."

El misterio nórdico

Ulrike Von Kullmann fue una de las amigas de Borges que mantuvo una inalterable amistad con Fanny, hasta su muerte ocurrida hace escasos años en España. Existe una nutrida correspondencia de Ulrike con Fanny y fue quien además ayudó económicamente a la fiel servidora de los Borges. "En una oportunidad me mandó una carta y me dijo que buscara un departamento que ella me lo quería regalar. Yo realmente me sentía incómoda ya que si bien lo necesitaba me parecía un gesto excesivo y al poco tiempo se murió, así que nunca supe si realmente me hubiera atrevido a aceptarlo. Ulrica era una gran amiga del señor, una persona transparente, aunque se notaba que tenía mucha personalidad."

La relación de Borges con Ulrike se remonta a los años cuarenta, y quedó como testimonio de esa fuerte relación una correspondencia que dio a conocer María Esther Vázquez en 1996: "El destino acaba de poner en mis manos tres cartas que nos muestran un Borges insólito. Las escribió en inglés, entre 1948 y 1949, a la 'inolvidable, luminosa, delicada y valiente Ulrike' (*Clarín*, 13 de junio de 1996). En una de esas cartas, fechada en 1949, Borges le dice: "Te mando un cuento al que honra una mirada fugaz sobre ti; es la historia de un hombre ignorante y con un determinado objetivo. A través de un esfuerzo ciego y continuado cambia su pasado y muere en 1946, en una olvidada batalla de 1904. (En mayo este cuento aparecerá en un libro –*El Aleph*– lo llamaré 'La otra muerte', un título mejor creo)". Borges también aprovecha la ocasión para contar aspectos de su vida cotidiana que al parecer no juzgaba muy divertidos: "En la segunda quincena de marzo estaré tartamudeando en mi estilo, a lo largo de una serie de conferencias (...) sobre los problemas de la novela o alguna otra basura parecida"; para asegurar luego en otra misiva: "Disfruto dando conferencias, a pesar de saber que es una ocupación frívola".

Finalmente en una última carta se descorre el velo de la destinataria del cuento "Ulrica", publicado años después en el *Libro de arena*. "Querida y admirable Ulrike, algún día escribiré una historia, si los dioses lo desean, y trataré de decirte cómo te pienso. No soy feliz ni infeliz, sólo vivo perplejo y activo (...) tuyo, siempre tuyo."

Los amigos italianos

"Había dos señores italianos que venían siempre a ver al señor Borges y que eran muy, pero muy simpáticos. Uno era Franco María Ricci, un hombre muy elegante que solía llevar una rosa roja de plástico en el ojal. Creo que era Marqués y era muy educado. Cuando se iba del departamento le decía al señor que me tenía que saludar y me llamaba y se despedía con mucha cortesía."

Ricci es un personaje muy particular. Nacido en Italia, precisamente en la ciudad de Parma, en la década del sesenta comenzó a dedicarse a la edición de libros para bibliófilos y la calidad de sus trabajos trascendieron rápidamente. Su amor por la literatura y su especial admiración por Borges lo trajeron muchas veces a la Argentina donde trabó amistad con el genial escritor y realizó junto a él trabajos bibliográficos inigualables. Ricci relata sus comienzos de editor: "Un poco por culpa de Parma. Yo he estudiado geología y, por consiguiente tendría que estar sacando petróleo para los americanos, pero me quedé enamorado de un libro que vi en la biblioteca de mi ciudad natal, el *Manual Tipográfico* que Bodoni había armado como epílogo de toda su carrera de diseñador de letras y de tipógrafo. Era un libro espléndido, quise poseerlo y lo pedí a todos los anticuarios del mundo, pero inútilmente. Entonces decidí reimprimirlo. Naturalmente todo el mundo dijo que estaba loco y que era perder el dinero en algo inútil. Costó sesenta mil dólares e hice novecientos ejemplares. Apenas impreso todas las bibliotecas americanas me lo compraron porque era un documento importantísimo en la historia de la tipografía moderna. Este libro me encasilló como el editor de Bodoni. Cuando fui a Norteamérica el director de la Morgan Library, el de la New York Library, etcétera, fueron al aeropuerto a buscar al 'hombre del Bodoni', mote que me ha quedado para siempre".

La fama de este conspicuo miembro de la nobleza italiana se acrecentó con otras publicaciones de igual o mayor prestigio que las ya mencionadas como *La Enciclopedia* de Diderot y D'Alembert (1751-1772), obra maestra de la libertad y de la cultura iluminista que llevaron a la Revolución Francesa. En nuestro medio, libros como *El bestiario de Zotl* de Cortázar, un tomo de gran tamaño con caracteres Bodoni e ilustraciones de cuadros pintados por Cándido López, y diferentes libros de Borges como *El congreso*, el *Diario del Cielo y del Infierno* hecho junto a Bioy Casares, y *Literaturas germánicas medievales* del mismo Borges y María Esther Vázquez, lo colocaron en un lugar de privilegio para libreros anticuarios y bibliófilos. Pero es, sin duda, la colección La Biblioteca de Babel, dirigida por Jorge Luis Borges y editada por Siruela en idioma español, una brillante combinación de talento antológico y cuidado editorial.

"El señor Ricci era muy generoso –agrega Fanny– cuando el señor Borges cumplió ochenta años le regaló ochenta monedas de oro. Era una persona de mucho dinero, entre los cuales la generosidad no es precisamente una característica."

El otro visitante italiano que Fanny recuerda con mucho cariño era Domenico Porzio, traductor de Borges al italiano –*Tutte le opere* (dos volúmenes, Milán, Mondadori, 1984-1985)– y autor de un majestuoso trabajo sobre el escritor argentino titulado *Jorge Luis Borges, Immagini e immaginazione*, donde se combinan textos y fotografías de esmerada calidad. Porzio no se olvida de Fanny. En el libro aparece retratada junto a Borges en dos oportunidades y allí el autor le agradece su hospitalidad: "*A la fedele governante dello scrittore, Epifanía (Fanny), per l'ospitalitá, la delucidazioni e il gradito mate azucarado in calle Maipú*".

"Domenico Porzio era un señor bajito con bigotes y pelo ondulado blanco, venía con un sombrero y siempre tenía una máquina fotográfica a mano. Un día me pidió permiso para tomar fotografías de toda la casa, incluida la habitación de doña Leonor, que ya había muerto. Le pregunté al señor y a él no le pareció mal, así que el señor Porzio pudo sacar todas las fotos que quiso. Incluso me tomó una a mí en el living de la casa donde le estoy cebando un mate al señor Borges. Esa fue la única vez en su vida que tomó y me parece que mucho no le gustó."

Porzio fue uno de los más importantes difusores de la obra de Borges en italiano y un gran admirador del autor de *El Aleph*. En su piso de Milán, aún muchos años después de su muerte, su esposa Franca conserva en diversas cajas las cientos de fotografías que Porzio le tomara en sus reiteradas visitas a Buenos Aires o en los viajes que Borges realizó por Italia.

Norman Thomas

"Quizá uno de los más simpáticos colaboradores que tuvo el señor Borges a lo largo de los años fue su traductor al inglés Norman Thomas di Giovanni. Es un señor bajito, con unos ojitos que le brillaban permanentemente detrás de los anteojos. Siempre decía:

'Fanny, me quiero casar con vos'. Era muy bromista y creo que era muy difícil hablar en serio con él. Sin embargo, cuando entraba en escena el señor Borges se ponía a trabajar con él y ahí se lo veía concentrado prestando atención a todo lo que se decía."

Borges llegó a la vida de Di Giovanni casi por casualidad: "Yo vivía cerca de la Universidad de Harvard, y un amigo me prestó un libro de poemas de Borges. Me gustó mucho. Cuando fui a una librería para comprar más libros, el librero mencionó que Borges había sido invitado para dictar seis conferencias, y si quería conocerlo debía concurrir a la sala tal... Escuché a Borges y me enamoré de él, de su modo de expresarse... y al volver a casa le escribí una carta. Después ocurrió el segundo milagro: Borges nunca contestaba cartas, pero parece que le gustó mi propuesta de traducir un libro de poemas suyo al inglés. Un año después, cuando ya estábamos en Buenos Aires, Borges me confesó que todo el mundo se ocupaba de su prosa, pero nadie o casi nadie lo tomaba en serio como poeta. Nos carteamos como cinco meses y, al volver Borges a Buenos Aires me invitó a trabajar con él. Me dijo: 'Usted fue amable conmigo en su país. Quiero hacer lo mismo en el mío'. Le contesté que la Argentina estaba muy lejos y además tenía que ordenar mi vida para emprender ese viaje. Pasaron siete meses y llegué aquí en noviembre de 1968. Le dije a Borges que necesitaba trabajar para mantenerme. Al día siguiente fuimos a Emecé y descubrimos que había nueve libros sin traducir. Mi idea era quedarme seis meses, en cambio fueron tres años y medio. Hacía más de un año que Borges no escribía. Fue entonces que retomó su trabajo, y así empezó nuestra relación laboral".

Di Giovanni fue uno de los pocos colaboradores que trabajó codo a codo con Borges en el tan complejo arte de la traducción: "Yo hacía un borrador en casa, después iba a la Biblioteca Nacional y leía media frase en castellano y media de mi versión, después mejorábamos el inglés. Si el inglés estaba bien, leíamos seguido. Yo volvía a casa y trabajaba como un demonio, tratando de ponerlo en el mejor inglés posible. Después, en la Biblioteca lo leía sin la referencia del castellano y, si estábamos satisfechos, lo mandábamos al *New Yorker*" (*Clarín*, 7 de abril de 1988).

Nacido en 1933 en un suburbio de Boston, Massachussets, en un barrio de inmigrantes italianos, Norman Thomas di Giovanni debe su nombre a una devoción de su padre: "Mi padre era protestante y socialista democrático. Por eso me puso Norman Thomas, así se llamaba un político socialista norteamericano, un hombre muy recto y respetado por todos" (*La Nación Revista*, 28 de enero de 1990).

El destino hizo que este ítaloamericano se cruzara en la vida de Borges y fuera testigo de hechos trascendentes del genial escritor. Recuerda que "a Borges le habían ofrecido el doctorado de Oxford, pero por ciertos asuntos personales no pudo viajar. Bueno, yo sabía que esos problemas se iban a solucionar. Cuando me tocó notificar a la gente del British Council, les dije que por el momento no podía, pero que podría viajar en el futuro. En efecto, cuando Borges resolvió sus problemas, me fui corriendo al British Council. Había seis o siete fechas por año para recibir el doctorado. Sólo había que elegir. Cuando le conté a Borges que todavía era posible, se alegró como un chico de diez años. Fue a contarle a la madre. 'Madre, madre –gritaba– lo de Oxford será posible'. Cuando tuvimos que elegir la fecha, Borges optó por la más lejana. Hubiéramos podido ir en octubre, pero él eligió fines de abril del año siguiente. Quería postergarlo lo más posible para gozar con la idea. Después el problema fue el costo del viaje; Oxford no tenía plata para pagar. Entonces le escribí a un amigo de la Universidad de Columbia, Frank McShane, de Nueva York. La respuesta fue breve: ¿Cuánto necesitan? Pedí tres mil dólares y salimos para allá. Fue un largo viaje, de más de dos meses, por los Estados Unidos hasta Utah. En eso, Borges ganó el premio de Jerusalén y además, para darle una sorpresa, como él estaba estudiando el idioma de los vikingos, que es el islandés, el noruego antiguo, inventé un viaje a Reykjavik. Pasamos unos días muy lindos allí. (...) En la Universidad de Columbia le dieron a Borges su primer doctorado en el mundo de habla inglesa. Tiempo más tarde fueron también los de Harvard, Cambridge...".

Fanny mira hacia arriba y su mirada perdida en algún lugar pareciera buscar un film invisible que sólo sus ojos pueden ver. Y allí están todos los personajes que pasaron, de alguna manera, también por su vida. "Qué loco este Di Giovanni, cada vez que me viene a visitar me propone matrimonio, siempre me dice: 'Fanny no te querés casar conmigo'."

"El profesor Donald Yates también venía con mucha frecuencia a visitar al señor Borges. Claro que estas cosas fueron por temporadas. Ellos vivían en el extranjero y pasaban algún tiempo en Buenos Aires. Después que murió el señor, siempre, siempre se acordaron de mí. No hay una vez en sus viajes a Buenos Aires que no vengan a visitarme. El profesor Yates es muy generoso. Siempre me deja un dinero que me entrega disimuladamente."

Amante y conocedor de la literatura policial, como pocos en el mundo, Yates también se sintió imprevistamente atraído por la literatura de Borges: "En 1947 entré en la Universidad de Michigan. Ya me consideraba escritor: escribía cuentos, poesía y artículos. Me especialicé en castellano y esa decisión cambió mi vida definitivamente. Después recibí el BA[5]. Luego durante lo de Corea, dos años en el ejército y en el 53 me encontré de vuelta en la Universidad como estudiante graduado. Mis preferencias me inclinaron a la literatura hispanoamericana. Tuve un excelente profesor que fue Enrique Anderson Imbert. Fue él quien me introdujo en la obra de Jorge Luis Borges. Leí "La muerte y la brújula" y fue un segundo momento clave en mi vida, porque pensé: este es el cuento policial más

[5] *Bachelor's degree.* Título de bachiller.

brillante que se ha escrito. Le pedí a Anderson la dirección de Borges y le escribí pidiéndole autorización para traducir ese cuento. La autorización se extendió también a *Seis problemas para don Isidoro Parodi*. Ahí empezó mi pasión por la literatura policial escrita por hispanoamericanos".

Yates llegó por primera vez a la Argentina en 1962 junto a su colega James Irby, poco después de haber publicado su primera traducción de un libro de Borges en inglés: *Labyrinths*. Vino becado por la Comisión Fullbright y según sus dichos ni bien llegó a Buenos Aires se fue directamente a la Biblioteca Nacional para conocer a Borges: "Conversé mucho con él, viajé con él, después él estuvo cuatro meses en mi Universidad y desde entonces estoy dedicado a armar lo que considero "La biografía" de Borges. Tuve mucho tiempo para hacerle preguntas que sólo a un biógrafo se le ocurren" (*La Prensa*, 8 de noviembre de 1987).

"Era un hombre muy gentil, un poco serio, usaba barba y era muy elegante para vestirse."

"Una señora muy cariñosa que siempre venía a ver al señor Borges era Anneliesse Von der Lippen. Era alemana y trabajaba en la librería La Ciudad y siempre que podía se acercaba hasta el departamento de Maipú para leerle textos al señor. A él le gustaba como ella le leía y escuchaba con mucha atención. Acostumbraba a poner la cabeza inclinada hacia arriba, como si estuviera mirando hacia el techo e iba haciendo gestos con la cara a medida que ella le iba leyendo. Con ella también mantuve una relación que se extendió muchos años después de la muerte del señor."

Anneliesse tenía una característica muy particular, fue amiga y colaboradora tanto de Jorge Luis Borges como de Ernesto Sabato, de quien tradujo al alemán la novela *Abaddón el exterminador*, y fue para Borges una lectora inigualable, sobre todo en la lectura de fragmentos de textos de Schopenhauer o Kipling, ya sea en alemán o en inglés.

Cuando Luis Alfonso, el dueño de la librería La Ciudad, encaró la producción editorial del libro *Cosmogonías*, trabajo que unió la creación poética de Borges y la visión plástica de Aldo Sessa, Anneliesse se constituyó en una ferviente colaboradora de ese proyecto, y plasmó su visión del mismo: "Jorge Luis Borges está sentado invariablemente con sus manos apoyadas en la mesita de la librería La Ciudad, y casi sin pausa, apretando desconocidas e invisibles manos de admiradores o firmando, sin ver, ejemplares de su obra perenne. Un día, hace poco, el artista plástico Aldo Sessa percibió la proximidad del mundo de su pintura, con ciertos fragmentos del gran universo literario de Borges. El tema, el ámbito que los unía giraba alrededor de esa vasta concertación de astros y vacío: el cosmos. Como un río que no declina (no porque no quiere sino porque no puede) Borges se sometió a su destino de tener que seguir viviendo para el arte. Dos nuevos poemas y otros ya publicados fueron ilustrados con devoción por Sessa y compartirá un libro cuya producción editorial es encarada por Luis Alfonso, de librería La Ciudad. La imprenta de los Padres Salesianos tratará de realzar la categoría del objeto a los niveles de la escritura y del arte. La historia de un libro de Borges (recreado por la visión de otro hombre que pinta) no puede fijarse en ninguna anécdota. Como un fuego implacable (él, el ciego; él, el anverso de la realidad; él, el ajeno) sigue dejando el rastro inconfundible de su genio y convirtiendo en cenizas a los pequeños e inocentes perseguidores" (*Clarín*, jueves 1° de julio de 1976).

Un tema recurrente, que vuelve una y otra vez, porque está instalado en los recuerdos de Fanny, es la imagen de Alicia Jurado el día posterior a la partida de Borges, cuando llegó al departamento de Maipú y se encontró con la inesperada noticia de la partida de su amigo: "Lo que ha llorado, pobre", insiste Fanny como si fuera la primera vez que se refiere a ello.

Alicia Jurado fue una de las más entrañables amigas de Borges, amistad que se hizo extensiva a su madre. Autora de una de las biografías más objetivas y de fuerte contenido testimonial, mantuvo a pesar de la admiración que el escritor le despertaba una relación de iguales, lo cual le permitió opinar con certeza y sensatez cuando se refirió a él: "Conocí a Borges en 1954, cuando él ya tenía cincuenta y cinco años y estaba a punto de volverse ciego; desde entonces mantuvimos una larga amistad, que duró hasta su muerte, durante la cual le leí innumerables páginas, lo acompañé en largas caminatas, a incontables conferencias suyas, a los cursos de literatura inglesa que daba en la Facultad de Filosofía y Letras y en viajes cortos a las provincias. Soy de las pocas personas que lo conocimos a fondo y vivimos aún pero, como ya cumplí setenta y siete años, también desaparecerá mi testimonio dentro de un tiempo impredecible aunque no muy largo" (*Cuadernos del Sur*, diario *Córdoba*, 30 de septiembre de 1999).

Alicia Jurado, en uno de sus últimos escritos referidos al genial escritor, lo define como sólo quien lo conoció de verdad puede hacerlo: "Hacer una semblanza de Borges no es fácil, porque tenía sus contradicciones: se quejaba de no ser valiente como sus antepasados militares y lo fue, en su firme oposición a la dictadura de Perón y en el coraje con el que mantuvo sus opiniones políticas o de cualquier otra índole a lo largo de su vida, en todos los reportajes que le hicieron; su inteligencia era extraordinaria para todo lo que exigiese razonamiento pero tenía una incapacidad para juzgar al prójimo rayana en la candidez; era muy tímido y le costaba un gran esfuerzo hablar en público, aunque creo que terminó por habituarse con el correr del tiempo y, sin embargo, era terco hasta exasperarnos, ya que convencerlo de la necesidad de algo que no tenía ganas de hacer era imposible, sobre todo si se trataba de reuniones en que los presentes querían conocerlo. Era un hombre bueno y tolerante en su vejez pero, a juzgar por los libros de su juventud, debe de haber sido capaz entonces de ironías y burlas crueles. Tenía un sentido del humor muy peculiar, basado menos en situaciones cómicas que en el uso del lenguaje, cuando se valía de un verbo o un calificativo inesperado. El ejemplo que doy siempre es el de que admitiera a cualquier persona para entrevistarlo: 'Tienes razón, pero el muchacho estuvo conversando mucho conmigo y al cabo de dos horas me olvidé que era un periodista y lo confundí con una persona civilizada'. O la cita de su libro sobre literatura inglesa, refiriéndose a una impenetrable novela de James Joyce: 'Dos estudiantes norteamericanos han publicado un libro, desgraciadamente indispensable, que se titula *Ganzúa para Finnegan's Wake*'.[6]

"De las personas que trataban al señor Borges, la única que realmente mantuvo una relación de amistad con la madre, era Alicia Jurado. Ella visitaba a doña Leonor independientemente de la presencia o no de su hijo. En muchas oportunidades doña Leonor iba a pasar unos días a la estancia de Alicia Jurado y venía siempre encantada, decía que el lugar era precioso. Algunas veces fueron juntos y el señor también volvía muy contento."

La relación entre ambos fue siempre cordial y de respeto mutuo, aunque cuando realizaron juntos el libro *¿Qué es el budismo?*, Jurado reconoce que su trabajo se pareció más al de un amanuense o investigador, pero el libro le pertenecía en mayor medida a Borges. De esa experiencia nos cuenta: "Borges fue un hombre excepcionalmente divertido y siempre afirmé que con quien me había reído más en mi vida, caminando con él en las noches de Buenos Aires u oyendo los disparates que ensartaban con su gran amigo Adolfo Bioy Casares, cuando íbamos a la casa de él y de su mujer, Silvina Ocampo. En su conversación, el tema principal y casi único era la literatura. Yo sospechaba que la realidad, para él, era mucho más vivida en alguna descripción literaria que en el mundo circundante. Cualquier cosa le sugería una cita; tenía una memoria fabulosa, tan-

[6] J. Gasparini (2000), ibíd.

to para los versos excelentes, como para los malos y aun los pésimos, que recitaba con fruición, regocijándose como un chico. Las demás artes le interesaban poco. Es natural que las visuales, tratándose de un ciego, no le importasen, pero tampoco le gustaba la música seria. Yo quería iniciarlo en un conocimiento que pudo ser solaz de su ceguera, pero fue inútil; su soneto a Brahms fue escrito, según me confesó, porque era la música que le molestaba menos cuando trabajaba con Bioy y Silvina. No le interesaban las ciencias, pero le apasionaba todo aquello que le pareciera fantástico o inverosímil: la teología, las herejías extrañas como la de los gnósticos, las religiones orientales, la filosofía. Borges como era esencialmente escéptico y descreído, no estaba convencido de ninguna de las cosas que investigaba. No era religioso y la palabra Dios, que usaba a veces en sus textos, no le significaba más que un símbolo abstracto. Cuando le ayudé a escribir *¿Qué es el budismo?* discrepábamos en que yo quería hacer hincapié en la filosofía de Buda y él insistía en introducir los elementos legendarios y maravillosos: cuanto más desaforados, mejor".[7]

Las palabras de agradecimiento y de sentido dolor también fluyen de la pluma de Jurado quien no escatima adjetivos para delinear su relación con Borges: "Fue una perpetua fuente de enseñanzas en mi oficio de escritora. Cuando trabajé a su lado, cuando le leí a sus autores preferidos, casi exclusivamente en inglés, e interrumpía a cada momento para hacer comentarios sobre lo leído. Como persona lo sentía un poco desvalido y vulnerable; como inteligencia, nunca me dejó de asombrar. De los amigos desaparecidos, Borges es al que más echo de menos, pero me queda el consuelo que nos deja todo escritor: su obra. Leerlo es para mí como oírlo a él y cuando releo sus poemas me parece escuchar su propia voz. Sin embargo, en esta obra se halla sólo una parte de su compleja personalidad; lo demás, aquello que conocí y amé, está perdido para siempre".

[7] Ibíd.

"Al señor Alifano es a una de las personas que yo siempre recuerdo con mucho cariño. Venía casi todas las mañanas a trabajar con el señor. Llegaba alrededor de las diez y se sentaban o bien en la mesa del comedor, si éste tenía que escribir algo o conversaban en los sillones del living, donde consultaban libros y leían. El señor Borges le tenía mucho aprecio y valoraba la condición de que lo podía ayudar en distintos aspectos, desde los temas literarios hasta las cosas más prácticas. Muchas veces viajaban juntos al interior del país y estaban muy a gusto."

Roberto Alifano conoció a Borges en su juventud, pero a partir de 1973, cuando regresó de una prolongada estadía en Chile, comenzó a gestarse una amistad que con el tiempo se cimentó en una ardua labor literaria. De las charlas matutinas surgió una producción que devela muchos secretos inmersos en su obra literaria y quedan como testimonio: la traducción de las fábulas de Stevenson y de poemas de Herman Hesse, libros de conversaciones, una biografía testimonial y una recopilación de anécdotas que Alifano fue guardando pacientemente y que se plasmó en un libro que muestra a un Borges desconocido titulado *El humor de Borges*.

También compartieron una innumerable cantidad de salidas a dar conferencias, o charlas entre amigos, ya sea al interior del país o en la ciudad de Buenos Aires. En ellas tenían una mecánica en la cual Alifano introducía el tema previamente acordado y Borges lo desarrollaba con una presteza oral que escapaba del lenguaje meramente hablado.

A comienzos de la década del ochenta, el departamento de la calle Maipú fue el centro de reuniones donde se proyectaba la salida de una nueva versión de la revista literaria *Proa*. La revista ya había tenido dos épocas, nacidas ambas de la mano de Borges. La primera data de 1922 y sólo se editaron tres números, y la segunda –que nuestro escritor fundó junto a Ricardo Güiraldes, Alfredo Brandán Caraffa y Pablo Rojas Paz en agosto de 1924– sucumbió tras quince números de aparición continua.

En un reportaje radial concedido en 1980, Borges nombró a Alfredo Brandán Caraffa, como uno de los colaboradores de la vieja *Proa* y éste se dio por aludido y fue a visitar a Borges. En una de esas visitas nació la idea de reeditar *Proa*. El imaginativo librero y editor Manuel Pampín se propuso financiar la empresa en la que estaban, entre otros, Bioy y Silvina Ocampo, Néstor Cipriano, Pepe Bianco y Alifano. Uno de los tantos sacudones económicos que tuvo la Argentina pospusieron indefinidamente la intentona, hasta que en 1988, ya muerto Borges, se logró luego de ingentes esfuerzos, colocar el primer número en la calle. De esa experiencia participó Norah Borges, sobreviviente de las dos épocas anteriores, quien mantuvo lazos de amistad con el actual director de la revista, Roberto Alifano, hasta la muerte de ella acaecida en 1998. La Tercera Época de *Proa* lleva cincuenta y nueve números y más de quince años de existencia.

En el citado *El humor de Borges*, Alifano desgrana un sin fin de anécdotas que muestran al Borges cotidiano enfrentando las vicisitudes de los días: "Fanny, el ama de llaves de Borges, como buena criolla, tenía el hábito del mate. Cuando yo llegaba por las mañanas, la encontraba mateando, y a veces le aceptaba su convite y la acompañaba a lo largo de una cebada. Borges siempre se excusaba, decía que le producía acidez. Algunas veces, sin embargo, cuando era visitado por alguien llegado del exterior, le pedía a Fanny que cebara unos mates y él también se tomaba algunos.

"–¿Nunca fue tomador de mate? –le pregunté una vez.

"–Sí, fui un gran tomador de mate cuando era joven –me respondió.

"–Bueno, tomar mate era para mí una manera de sentirme un criollo viejo. Pero nunca fui un gran cebador de mate. Solía tomar por la mañana, cuando me levantaba; me lo cebaba yo mismo y creo que lo hacía muy mal, ya que siempre había palitos flotando sospechosamente.

"–Se le lavaba el mate, como dicen los criollos.

"–Se me lavaba porque hacía hervir el agua. Esto me lo hizo notar Enrique Amorín, que era un experto en cebar mate.

"–¿Y qué tipo de mate usaba? –pregunto–, mate de calabaza, jarrito...

"–Yo tenía dos clases de mate, uno tipo galleta y otro común, tipo jarrito. Ahora, caramba, he perdido ese hábito –se lamenta–. No me cae bien; aunque a veces suelo incurrir en algunos mates, quizá para despuntar el vicio, como decía mi madre –Borges hace una pausa, ríe pícaramente, y sigue hablando.

"–¿Yo no le conté a usted lo que me pasó con di Giovanni? –comenta–. Bueno, él había traducido un libro mío al inglés. En uno de los relatos, hay un indio que queda moribundo después de una batalla, se arrastra hasta el degollador y pide que lo terminen de matar. Dice así: 'Mate, capitanejo Payé quiere morir'. ¿Sabe qué puso di Giovanni, en un llamado que puso al pie del libro?: 'Mate, infusión criolla que se succiona con un adminículo llamado bombilla'. A mí me parece asombroso que no se diera cuenta de que lo que pedía el indio era que lo mataran y no que le cebaran unos mates... No sé, era como si pidiera una cerveza Quilmes o una ginebra Bols'."

"Para mí Alifano –recuerda Fanny– era el secretario del señor Borges. Lo ayudaba con la correspondencia, lo acompañaba a las conferencias y se ocupaba de muchos otros problemas. Yo cuando alguien llamaba les decía, tienen que hablar con el secretario, con Alifano."

Sin duda es María Esther Vázquez la mujer que más cerca estuvo de Borges durante las últimas tres décadas de su vida. Fue su compañera de viajes tanto al interior como al exterior del país, cuando ya su madre no pudo acompañarlo; realizaron varios trabajos en colaboración, como *Introducción a la literatura inglesa* o *Literaturas germánicas medievales*, y fue además la receptora del dictado de muchas páginas del escritor cuando ya su vista comenzó a menguar paulatinamente, como el "Poema de los dones" de 1955, donde Borges plantea la dicotomía de la ceguera inminente frente a la posibilidad de acceder a todos los libros posibles desde su cargo de Director de la Biblioteca Nacional. El poema le fue dedicado a su amiga, pero posteriores diferencias de criterio con la viuda del escritor, impulsaron a ésta a suprimir la dedicatoria en algunas ediciones de las *Obras Completas*. Vázquez es también la autora, como ya hemos dicho, de una biografía sobre Borges donde plantea la vida de éste en términos de una dicotomía desde el propio título. *Borges, esplendor y derrota* refleja descarnadamente al hombre que, por un lado, obtuvo todos los halagos posibles como hombre de letras, admirado y respetado en todo el mundo, y por otro lado el individuo que se debate frente a la palpable imposibilidad de ser feliz, como el mismo Borges lo reconoce en el poema "El remordimiento" de 1975.

Fanny siente un gran cariño por María Esther: "Era hermosa. Yo recuerdo cuando era muy jovencita y venía al departamento de Maipú. Siempre impecablemente vestida. En una oportunidad, para un cumpleaños de la señora Leonor, el señor Borges la invitó para la hora del té, al mismo tiempo que aquella se reunía con las amigas. Doña Leonor se enojó en tono de broma y le dijo a su hijo: 'Pero cómo traes a esta chica tan joven y tan bonita a esta casa que está llena de viejas'. Cuando venía a trabajar con él, al señor se le iluminaban los ojos y se ponía muy contento. Parecían novios".

Fanny sabe que María Esther Vázquez fue uno de los grandes amores de Borges, y que pese a no ser correspondido, mantuvieron una amistad inalterable, sólo cejada por la muerte de éste. Ese conocimiento producto de la cercanía, le permitió a la autora de *Esplendor y derrota* describir ciertos aspectos de la vida de Borges, sobre todo los relacionados con su vida amorosa, con singular precisión: "Casi todas las que le inspiraron amor fueron atípicas o muy poco convencionales; le encantaban las de carácter caprichoso con un comportamiento arbitrario del tipo que gusta de jugar, incitar y desdeñar, todo a un tiempo (un poco a la manera de Estela Canto y quizá de Ema Risso Platero). Le gustaban las inteligentes que tuvieran en la punta de la lengua la contestación oportuna e insólita que pudiera asombrarlo y divertirlo (como debió ser Pipina Diehl de Moreno Hueyo); las que compartían con él su pasión por la literatura y discutieran sus opiniones, pero no demasiado, y le interesaban aquéllas que soportaban con entereza y alegría duras desgracias sin quejarse y como despreciando sus penas. Prefería las mujeres altas a las bajitas, y le gustaban más las rubias que las morenas, aunque todo tiene sus excepciones" (*La Nación Revista*, 25 de febrero de 1996)

En 1964 Borges realizó un viaje a Europa acompañado por María Esther Vázquez. Viaje que llenó de expectativas a la madre y a los amigos de Borges ya que todos deducían que al regreso probablemente se anunciaría la boda entre ellos. También todos sabían que Borges estaba enamorado de María Esther. La versión de ésta última disipa las dudas y las falsas expectativas: "Sin embargo, y precisamente a la vuelta de ese viaje, yo sabía que no podía ser...". Vázquez estaba enamorada de otro hombre. "No sabía como decírselo a Borges y menos a su madre y, antes de que yo pudiera hablar con ellos alguien se lo contó como chisme. Leonor se enojó conmigo; estaba tan furiosa que le temblaba la voz; después entendió mis razones, me abrazó casi llorando y conservamos un afecto entrañable hasta el final de su vida".

Tras el frustrado intento de casamiento con Vázquez, la enfermedad de su madre, y las ocupaciones de las distintas personas que conformaban su entorno, Borges ante la inminencia de realizar múltiples viajes, se vio obligado a requerir ayuda. Según Hugo Beccacece la irrupción de Kodama fue paradójica: "La relación de Kodama con Borges empezó a hacerse íntima a partir de septiembre de 1975. Ninguno de los dos sobrinos de Borges podían acompañar al tío a cumplir con sus compromisso en los Estados Unidos. A Fanny Uveda, la servidora de los Borges, le horrorizaba el avión; la misma Fanny sugirió que María, una de las alumnas que estudiaba anglosajón con Borges, lo acompañara" (*La Nación Revista,* 25 de febrero de 1996).

Fanny ante la mención del episodio, parece no recordar lo relatado o quizá forme parte de una de esas cosas que ella no está dispuesta a revelar "aunque me pongan todo el oro del mundo arriba de esta mesa". Su interés ahora gira en torno a otros visitantes que poblaron sus días entre las paredes del modesto departamento de la calle Maipú. Cierra los ojos como intentando atrapar algunos recuerdos pero parece que no es posible y dice, casi a manera de disculpa:

"A veces me da miedo olvidarme de alguien, pero fueron tantas y tantas las personas que por años pasaron por la casa del señor Borges y a las que yo les estoy infinitamente agradecida que resulta imposible acordarse de todos. Sara Haines por ejemplo, era una de esas personas que quería de verdad al señor y a la señora Leonor y todavía hoy me llama por teléfono y siempre trata de ayudarme. Ella se ocupó del tema de la cremación del cuerpo que después no prosperó. Noemí Ulla es otra señora amorosa que siempre me viene a visitar. Ella era muy amiga del señor Adolfito y por supuesto del señor Borges. Osvaldo Ferrari venía también a grabar las conversaciones para un programa de radio. Muy buena persona. Había otro señor italiano muy alto que venía al departamento de Maipú y al señor le agradaba mucho, creo que se llamaba Alberto Galardi. De otros muchos, de verdad, no me acuerdo del nombre, pero estoy segura que si los veo, en seguida sé de quién se trata.

"Con Mariana Grondona recuerdo que hizo algunos viajes. Uno a Estados Unidos y otro, poco antes de la muerte de doña Leonor, a España."

Grondona también recuerda ese último viaje: "'Metafísico estáis', dice el Quijote a Rocinante. 'Es que no como', contesta el caballo. Después de este comentario de Borges nos devuelven el ánimo las bandejas de las azafatas. Cada vez que viajamos lejos tenemos la melancólica sensación de dejar todo atrás; ahora es una guerra de siete días que libramos con nuestra alma, esa 'torpe intensidad' que tiende tanto a la inquietud y al miedo... Al iniciar el vuelo Borges da tres golpes con su bastón. La superstición es pesimista: yo me persigno, es igual, es una forma de encomendarme a Dios. Georgie, que deja a su madre bastante enferma, me ayuda a recordar una dedicatoria a ella: '...Son tantos los recuerdos: padre, Norah, los abuelos, tu memoria y en ella la memoria de tus mayores –los patios, los esclavos, el aguatero, el oprobio de Rosas– tu prisión valerosa, las mañanas del Paso de Molino, de Ginebra y de Austin, las compartidas claridades y sombras, tu fresca ancianidad madre, vos misma (*La Prensa*, 1974).

"¿A que no sabes qué significa Edipo?' Tanteo una freudiana y convencional respuesta. Quiere decir pies hinchados: cuando Edipo nació, Laios, su padre, sabiendo por el oráculo que iba a matarlo para casarse con su madre, lo hizo colgar de los pies a un árbol y las cuerdas se los apretaron. Edi, hinchado, podo, pie. Sabemos que Edipo no padecía del complejo, dijo Chesterton (se arrancó los ojos cuando supo el maldito presagio)".

Cuando Borges llega a España despierta, como ha ocurrido siempre en los últimos años, un gran interés conocer su pensamiento y sus opiniones. El diario *A.B.C.* publica un reportaje: "España me ha dado muchas posibilidades –dice Borges– en mi busca de la verdad literaria. La libertad está hoy, como estuvo siempre para mí por encima de todo (...). ¿Miedo? A la inmortalidad del alma. Sería terrible que en el otro mundo, tuviera que estar acordándome continuamente de Jorge Luis Borges. Sé que debo morir y quisiera morir entero (...). Realmente sólo distingo un poco el color amarillo y algo las luces y las sombras. Eso en verdad para mí es estar ciego".

Fanny menea la cabeza y en sus ojos se refleja alguna travesura. No me atrevo a preguntarle nada, espero que ella retome la conversación. "Bueno –desliza con la o final muy alargada–, en realidad hubo otras personas, pero para ser sincera, de ésas prefiero no acordarme."

XII

BORGES: EL OTRO, EL MISMO

"De los muchos libros de versos que mi resignación, mi descuido y a veces mi pasión fueron borroneando, *El otro, el mismo* es el que prefiero. Ahí están "Otro poema de los dones", el "Poema conjetural", "Una rosa y Milton", y "Junín", que si la parcialidad no me engaña, no me deshonran. Ahí están asimismo mis hábitos: Buenos Aires, el culto de los mayores, la germanística, la contradicción del tiempo que pasa y de la identidad que perdura, mi estupor de que el tiempo, nuestra substancia, pueda ser compartido.

J. L. Borges, prólogo a *El otro, el mismo*, Buenos Aires, 1964

VII

"No he conocido un hombre tan rico en anécdotas como el señor Borges. Para cada caso tenía una respuesta y solía divertirnos a la madre y a mí contándonos cosas que le habían ocurrido. Un día contó que estaba muy enamorado de una mujer, pero como ésta no lo correspondía y se sintió muy deprimido fue al dentista y se sacó tres muelas."

En una entrevista que le hiciera Alejandro Margulis en 1986, Borges relata la anécdota a la que Fanny hace referencia:

"Recuerdo que me había dejado una mujer; este es un episodio que pertenece a toda biografía humana. Estaba desesperado y esa noche no pude dormir. Ella me había dicho que estaba enamorada de un fulano. Luego resultó que ese fulano era un amigo mío, lo cual lo hacía peor todavía puesto que yo podía imaginarlo a él. Si me hubiera dejado por un desconocido hubiera sido más fácil, porque ese desconocido no tendría cara. En cambio, aquí yo sabía exactamente cómo era, dónde vivía, etcétera. No dormí en toda la noche. Me levanté temprano (temprano es a las siete de la mañana) y estuve pensando continuamente en ella. Era el peor pensamiento. Yo debía pensar en álgebra o en la cuarta dimensión; pero en aquel momento no me interesaba ni el álgebra ni la cuarta dimensión. Salí a caminar por la calle y de pronto pensé: me siento muy desdichado. Y hacía tiempo que me tenía que sacar una muela y no me animaba. Entonces pensé: en el momento en que estén sacándome la muela, yo no me sentiré mucho más desdichado que ahora. Vamos a aprovechar el dolor. Yo ya había perdido la vista: podía caminar por la calle pero no podía leer. Iba por la calle San Martín, cuando vi una casa de departamentos con muchas chapas. Le pregunté al portero: Dígame, ¿en qué piso está el consultorio del dentista? Y me dijo: 'No, aquí no hay ningún dentista', luego pregunté en una segunda casa. El portero también me dijo que no había ningún dentista. Luego pensé: yo tengo que seguir, entonces en una tercera pregunté: El consultorio del dentista, ¿dónde está? '¡Caramba!' –me dijo–, 'se ha descompuesto el ascensor, pero... está en el primer piso'. Qué suerte, pensé. Subí. Era un dentista que no tenía enfermera, él mismo me abrió la puerta. Era cordobés. Le dije: Creo que tengo que sacarme una muela. ¿Querría usted examinarme la boca? Me dijo: 'Tengo una mala noticia para usted: tiene que sacarse tres muelas, están perdidas... ¿Qué día le conviene?'. No sé –le dije–. ¿Qué día es hoy? Era martes, miércoles. ¡Sáquelas hoy mismo! 'Pero no, si son tres muelas serían mejor tres sesiones.' ¡No! –le dije–. ¡Estoy aterrado! ¡Tiene que sacarlas inmediatamente! ¡Salgo de aquí y no vuelvo nunca más! 'Bueno –dice– le advierto que va a perder mucha sangre.' No importa –le dije– me siento muy desdichado... estoy muy cobarde. ¿Usted tiene gas? 'No, pero puedo ponerle una inyección.' Bueno, ¡pero rápido porque estoy muerto de miedo!

"Finalmente me sacó las tres muelas. Me las dio, yo no sé porqué, entonces le pregunté: ¿Puedo ir caminando a casa? ¿A qué distancia estoy? 'Bueno, tápese la boca, no hable, no coma y acuéstese cuando llegue a su casa.' Entonces yo, mientras me sacaba las muelas, me había olvidado de ella. Pero en cuanto salí a la calle empecé: ¿De qué me sirve? Yo sigo pensando en ella... pero con todo yo he hecho lo posible. Yo he aprovechado ese sufrimiento de amor para algo que me sirve: que me saquen las muelas. Llegué a casa y mi madre, que vivía entonces me dijo: '¿Qué te pasa?'. Yo le mostré la boca tapada por el pañuelo, lleno de sangre, y le indiqué por señas que me habían sacado las muelas. Me metí en la cama y a la tarde vino el dentista a verme. A los diez días me encontré con aquella mujer y con su novio. Yo tengo que agradecerte algo. '¿Vos a mí?' –me dijo–. 'Yo... yo me porté muy mal con vos.' No –le dije– mirá, no hay mal que por bien no venga. Gracias a vos me saqué tres muelas" (*Clarín Revista*, 4 de diciembre de 1988).

Fama y multitud

"Cuando yo vivía con el señor Borges, a veces no me daba cuenta de la popularidad que él tenía. Llamaban todos los días diferentes periodistas para entrevistarlo y venían fotógrafos y muchachos munidos de cámaras de televisión y grandes grabadores con pomposos micrófonos por los que el señor hablaba. Creo que en el fondo todo eso le agradaba, casi no tengo memoria de que alguna vez le haya dicho que no a alguien que pidió entrevistarlo. Yo ahora hace diez años que vivo en este barrio y todo el mundo me conoce, claro, porque me relacionan con Borges. A veces he escuchado a algún muchacho cuando pasa por el frente de la casa y le dice al otro: "Ésa era la mucama de Borges."

A él mismo le costó acostumbrarse a esa realidad que le causaba sorpresa: "No hace mucho –contaba Borges en 1977– una amiga me habló por teléfono para comunicarme que mi vida había cambiado totalmente, o algo parecido, según pude entender. 'Borges –me dijo– usted ha dejado de ser un escritor. Ya pertenece al mundo del espectáculo. Acaba de salir en *Radiolandia*.' No sé si debe alegrarme el haber dejado de ser un simple escritor. Tal vez, sí. Pero hay algo que no comprendo del todo bien. Posiblemente se deba al hecho de que no leo diarios y carezco de la información necesaria. Digo yo, ¿qué es 'Radio landia'? Siempre me dicen: 'Borges usted es más conocido que la *Coca-Cola*'. Si lo dicen debe ser cierto. Aunque yo personalmente no creo que el público me conozca tanto como lo afirman mis amigos. Todos me dan como ejemplo las ediciones de mis libros. Sé que se venden, claro. Mi sobrino, que se encarga de todas esas cosas, me entrega un cheque cada mes con mis derechos de autor. Y aquí voy a permitirme una digresión. Yo vivo de mis conferencias y mis libros. Que no es mucho, como parecen creer los que me preguntan de qué vivo. Pero, volviendo al tema, no creo ser tan conocido como afirman incluso los que me visitan a menudo. Yo pienso que lo realmente bueno de mi vida de escritor es que la gente compra mis libros pero no los lee. ¿Para qué los compra? Sobre eso no tengo la menor duda: para regalarlos. Por eso cuando anuncian mi muerte como escritor porque me he convertido en un artista de varieté, o en una botella de *Coca-Cola* siento una cierta pena. Al cabo de los años me acostumbré a ser un regalo" (revista *Somos*, 1° de julio de 1977).

Sueños borgeanos

"El señor Borges –enfatiza Fanny– soñaba todas las noches y después a la mañana siguiente le gustaba contar los sueños. Se reía muchísimo cuando los recordaba. Le parecían cosas disparatadas y a veces yo le hacía algún comentario y eso al parecer le causaba más gracia todavía. Recuerdo su cara sonriente en el living del departamento de Maipú, siempre con la cabeza girada levemente hacia arriba."

Borges era un gran soñador y le gustaba también soñar despierto: "Cuando era niño mi madre siempre me hacía rezar antes de acostarme. Ya hace mucho que no lo hago. Pero el momento de ir a la cama sigue siendo el más feliz del día para mí. Antes de dormirme sueño. Yo sueño despierto. Hay quienes afirman que no sueñan nunca. Pienso que no se acuerdan. Pero no sólo sueñan las personas en particular. También lo hacen los pueblos. Los argentinos, por ejemplo, tienen sueños muy particulares. Uno de sus sueños, que yo denominaría recurrente, es la figura de un cantor de tangos. Un compadrito que llegó a codearse con la aristocracia de su época porque ésa era la costumbre de ese entonces. Para los argentinos es, además, un ejemplo de virilidad, afirmación que me atrevo a poner en duda. ¿Acaso no es cierto que se empolvaba la cara? En fin, lo cierto es que entre otras cosas ese compadrito era francés. Lo cual en el fondo no tendría que molestar a ninguno de los adherentes de esta especie de culto popular. Porque el otro sueño de los argentinos es, a no dudarlo, París. Todos quieren ir a París. Todos sueñan con triunfar en París. Tanto es el deseo de vivir en París que es cosa sabida que al morir, los argentinos que han sido buenos, van a París y los malos se quedan aquí. Este es uno de los tantos misterios que albergan el cielo y el infierno" (revista *Somos*, 1° de julio de 1977).

Los milagros interrumpidos de la pintora japonesa

"Había una japonesa –recuerda Fanny– que siempre venía a visitar al señor, una pintora que se llamaba Takeda. Era muy graciosa cómo se movía de un lado a otro y cómo se reía. En más de una ocasión algún ocasional visitante la confundía con María Kodama y ella se apresuraba a decir que no, que ella no era Kodama."

La pintora Kazu Takeda se apresura a contar que conoció Borges y a María por separado. Ella es japonesa y Kodama, que no habla japonés –subraya– es hija de madre alemana y de padre nipón. Muchas veces acompañó a Borges en diversas salidas y de ello queda su recuerdo: "Un día, después del acto en la Feria del libro, me llamó por teléfono: 'Takeda –me preguntó, llamándome como siempre por mi apellido–, ¿no querría que le enseñara guaraní?' Tuve que contener una carcajada porque ya me había habituado a la manera indirecta que tenía Borges para pedir algo. Lo que deseaba en realidad era que le enseñara a hablar japonés. A veces la técnica variaba un poco: 'Takeda, ¿es cierto que en japonés *neko*, significa gato?'. Como tenía una memoria prodigiosa mi respuesta era invariablemente: Sí, Borges, así es" (revista *Claudia*, abril de 1987).

Takeda no se consideraba amiga de Borges, ya que nadie puede considerarse tal hasta que la otra persona lo autoriza. "Recuerdo una tarde de Semana Santa en la que callejeábamos al azar, como a él le gustaba, por el barrio Sur. Nos cansamos y quisimos tomar un taxi. No pasaba ninguno. Al rato largo se nos cruzó uno, pero no estaba en servicio pues el chofer estaba paseando con su mujer. Le hicimos señas, pero siguió de largo unos cuantos metros. De pronto vemos que retrocede. 'Pero, dígame –me pregunta el conductor–, ¿el señor no es Borges, el escritor...?' 'Pues fíjese que sí', contestó él. 'Entonces permítame el honor de llevarlos adonde quieran.' Subimos y en el camino el hombre empezó a lamentarse de que a Borges no le dieran el premio Nobel. 'Lo que ocurre –lo paré yo para que Borges no se sintiera lastimado– es que un artista como Borges está por encima de los premios.' Y aquí saltó él como una criatura que se queda sin caramelos: '¡No, no!, Takeda, al contrario, yo quiero ganar el premio Nobel, es muy importante para mí y además necesito ese dinero'.

"Otra vez que salimos a caminar, me preguntó de repente si estábamos muy lejos de la Biblioteca Nacional. Justamente andábamos por esos lugares y le contesté, como él sabía muy bien, que estábamos a muy pocas cuadras. Lo que Borges quería, me di cuenta en seguida, era volver al lugar en el que había sido Director. Cuando llegamos, la puerta estaba cerrada y noté que Borges se decepcionaba muchísimo. Entonces, toqué timbre. Nos atendió un ordenanza y en cuanto reconoció a Borges entró a buscar todas las llaves que necesitaba. Mientras esperábamos afuera se nos acercó una mujer joven que era gran lectora borgeana, pidió permiso para acompañarnos, y Borges aceptó encantado. Fue una experiencia inolvidable. Encendieron para nosotros las luces de todo el edificio. Y después de recorrer la sala de lectura, mientras subíamos las escaleras que conducen al despacho de la dirección, Borges iba reconociendo al tacto o por intuición cada rellano, cada detalle de la decoración, un bochón que representaba, según nos explicó, el bolillero de la lotería nacional que primitivamente iba a ocupar ese edificio.

"La comitiva no podía ser más extraña: un par de ordenanzas –uno muy viejo y otro jovencito– abrían la marcha, seguíamos

Borges, yo y nuestra conocida reciente, finalmente un gato color nieve y ojos colorados completaba el cortejo. Nunca voy a olvidar la emoción de Borges cuando le sugerí sentarse en el que había sido su sillón de director. No bien lo hizo, el gato pegó un salto y se quedó muy quieto en su regazo. Y de pronto, desde la altísima claraboya del recinto cayó un rayo de sol que le daba directamente en la cabeza, como una suerte de halo o de reflector. La luz cenital que filtraban los vitrales, el gato blanquísimo, la cabeza de Borges así iluminada, todo componía una visión al mismo tiempo conmovedora y fantasmagórica que me ha quedado grabada para siempre como un cuadro de Vermeer."

Fanny no cae de su asombro cuando recuerda un hecho que la tuvo como protagonista: "Un día vino la señorita Takeda con un cura que hacía milagros, el padre Mario, y al otro día casi se me mueren todas las plantas. Para mí las plantas eran como mis hijos, yo las regaba todos los días, las cuidaba y después que me fui del departamento de Maipú las extrañé mucho".

Takeda cuenta el episodio del cura sanador con más detalles: "Cierto día estaba yo con el padre Mario, que es mi amigo y, además, muy conocido por los casos de exorcismo en los que ha intervenido. '¿Usted es muy amiga de Borges?', me preguntó, y cuando le respondí que sí, me dijo: 'Me gustaría ensayar mis dones y probar si puedo hacer algo para que recupere o mejore la visión'. Yo lo previne que se iba a meter en un asunto muy complicado. Pero el padre Mario insistió y un día los presenté en el local de la Asociación Japonesa. Mientras comíamos, el padre Mario le preguntó: 'Borges, ¿usted cree en mí?'. 'No tengo porqué no creer', comentó Borges con esa gran seriedad suya que a veces ocultaba un humor muy escéptico. Sea como fuere, aceptó someterse a la experiencia y pocos días después nos reunimos en su casa de Marcelo T. de Alvear, el padre Mario, su secretario, María Kodama –que se sentó muy callada en un rincón– y yo que no quería perder detalle de lo que iba a pasar."

La reunión tomó un cariz místico: "Ese primer día –sigue relatando Takeda– pasaron cosas totalmente inexplicables. Comienza el padre Mario a pasar las manos por los ojos de Borges, muy lentamente y concentrándose muchísimo. Y al rato, el primer misterio: Beppo, el gato de la casa, un animal grandote que estaba muy tranquilo en la alfombra, se echó panza arriba y puso los ojos en blanco como si estuviera en trance. Pienso que la descarga de magnetismo debió ser tremenda, porque al día siguiente, me llama Fanny, la antigua criada de Borges, y me comunica algo que había ocurrido con el pino bonsái que la Asociación Japonesa le había regalado a Borges después de la Feria del Libro. '¿Usted recuerda que estaba espléndido ayer mismo?', me dijo Fanny consternada. 'Bueno, hoy apareció completamente seco, como si le hubieran pasado una llama".

La amiga japonesa de Borges no se resigna, sin embargo, a que Borges no hubiera seguido el tratamiento con el padre Mario, ya que estaba segura de que de esa forma podría haber recuperado la vista: "Quedó muy shockeado. En algunas semanas confesó que veía algo mejor, pero le restó importancia a todo y, al poco tiempo, a raíz de un viaje suyo a Venezuela interrumpió para siempre las sesiones. Mi idea es que se aferró a una negación total, y no podía admitir desprenderse de su propio mito, permitirse la posibilidad de ver" (revista *Claudia*, abril de 1987).

Unas pocas páginas

"Era una persona muy humilde, lo han venido a visitar personas y personalidades, todos muy importantes, escritores famosos como Vargas Llosa u Octavio Paz, ha recibido halagos de todas partes y él siempre mantenía una actitud distante frente a eso. Se sonreía y luego decía que lo que él había escrito no era importante, sólo unas pocas páginas."

De *El humor de Borges* de Roberto Alifano, podemos rescatar el pensamiento de Borges al respecto, mezcla de modestia, ironía y quizá algún tercer mensaje aún indescifrable: "Borges rechazaba sistemáticamente todo elogio a su persona o a su obra. Esgrimía a veces una modestia soberbia, invulnerable. El 'sólo sé que no sé nada', bien hubiera podido figurar en su escudo. Se sabía erudito, pero le molestaba manifestarse como tal. Semejante posición dejaba por lo común desubicado al interlocutor. '¡Bueno, qué puedo saber yo!', era una frase que repetía cuando se ahondaba en un tema o, por el contrario, deshacía el diálogo con una broma imprevista. A pesar de ello, me atreví a proponerle una tarde que habláramos de él y de su obra:

"–Borges, yo no entiendo muy bien por qué usted se empeña en negar lo que escribió.

"–No, yo no me empeño en negar lo que escribí. Lo que he escrito ahí está. Sólo que a mí no me gusta. Salvo tres o cuatro cosas, todo lo demás me parece muy pobre. No creo haber realizado una obra para nada. He sido siempre una persona muy haragana. Ahora tengo, eso sí, la necesidad de seguir escribiendo, ya que esas cosas escritas quizá me justifiquen. Además, qué otra cosa puedo hacer a mi edad que no sea escribir, me he resignado a ese destino. Cada uno de esos textos fue necesario para mí, y la mayoría tienen la virtud de haber sido espontáneos. He vivido una larga vida dedicado a la literatura y eso me reconforta. Yo me daría por satisfecho si después de mi muerte sobrevivieran unas pocas líneas.

"–Yo diría que van a sobrevivir algo más que unas pocas líneas.

"–Bueno, si eso ocurre, será algo inmerecido. Yo no merezco la fama que tengo. Esa fama es una prueba de lo disparatada que es la época en que nos toca vivir. Yo no tengo en mi biblioteca libros míos, quién soy yo para mezclarme con Conrad, con Stevenson, con Shakespeare, con Dante. Tampoco leo, lo que se escribe sobre mí; salvo un libro que escribieron hace mucho tiempo dos amigos míos: un profesor mendocino, llamado Ruiz Díaz, y un escritor boliviano, llamado Marcial Tamayo. Ese libro cuyo título es *Borges, enigma y clave*, es el único que leí. Pero no, no me interesa para nada la fama. Yo querría ser, como decía mi padre, el hombre invisible de Wells, que nadie me notara. La fama es algo incómodo.

"Borges hace una pausa y agrega con sonrisa traviesa:

"–¿Yo le conté esto? Bueno, iba los otros días por la calle y alguien me dijo: 'Borges, usted es un *bluff*', y yo le contesté: Sí, señor, de acuerdo, pero un *bluff* involuntario".

Esta edición de *El señor Borges*,
se terminó de imprimir en
Cosmos Offset S.R.L,
Coronel Garcia 442, Avellaneda,
el 25 de abril de 2004.